本丛书出版得到以下研究机构和项目经费资助：

嘉应学院客家研究院

梅州市客家研究院

中国侨乡（梅州）研究中心

广东客家文化普及与研究基地

广东省特色重点学科"客家学"建设经费

嘉应学院第五轮重点学科"中国史"建设经费

广东省客家文化研究基地—嘉应学院客家研究院

广东省非物质文化遗产研究基地—嘉应学院客家研究院

理论粤军·广东地方特色文化研究基地—客家文化研究基地

广东省普通高校人文社会科学省市共建重点研究基地—嘉应学院客家研究院

客家学研究丛书

第八辑

日本客家历史与文化

罗 鑫 著

暨南大学出版社
JINAN UNIVERSITY PRESS

中国·广州

图书在版编目（CIP）数据

日本客家历史与文化/罗鑫著 . —广州：暨南大学出版社，2023.8
（客家学研究丛书. 第八辑）
ISBN 978 - 7 - 5668 - 3734 - 9

Ⅰ.①日⋯ Ⅱ.①罗⋯ Ⅲ.①客家—移民—研究—日本 Ⅳ.①K281.1
②D634.331.3

中国国家版本馆 CIP 数据核字（2023）第 104878 号

日本客家历史与文化
RIBEN KEJIA LISHI YU WENHUA
著　者：罗　鑫
··

出 版 人：张晋升
策划编辑：杜小陆　刘宇韬
责任编辑：刘宇韬
责任校对：刘舜怡　王燕丽
责任印制：周一丹　郑玉婷

出版发行：暨南大学出版社（511443）
电　　话：总编室（8620）37332601
　　　　　营销部（8620）37332680　37332681　37332682　37332683
传　　真：（8620）37332660（办公室）　37332684（营销部）
网　　址：http://www.jnupress.com
排　　版：广州良弓广告有限公司
印　　刷：佛山市浩文彩色印刷有限公司
开　　本：787mm×960mm　1/16
印　　张：8.25
字　　数：140 千
版　　次：2023 年 8 月第 1 版
印　　次：2023 年 8 月第 1 次
定　　价：39.80 元

（暨大版图书如有印装质量问题，请与出版社总编室联系调换）

总　序

　　客家文化以其语言、民俗、音乐、建筑等方面的独特性，尤其是客家人在海内外社会经济发展中的突出贡献，引起了历史学、人类学、民俗学和语言学等诸多学科领域内学者的关注。而随着西方人文学科理论和研究方法在 20 世纪初传入我国，客家历史与文化研究也逐渐进入科学规范的研究行列，并相继出现了一批具有开创性的研究成果。1933 年，罗香林《客家研究导论》的出版，标志着客家研究进入了现代学术研究的范畴。20 世纪 80 年代以来，著作、论文等研究成果的推陈出新，也在呼吁学界能够设立专门的学科并规范客家研究的科学范式。

　　作为国内较早成立的专门从事客家研究的机构，嘉应学院客家研究院用二十五载的岁月，换来了客家研究成果在数量上空前的增长，率先成为客家学研究的重要阵地，也引起了国内外学术界的高度关注。但若从质的维度来看，当前的客家研究还面临一系列有待思考及解决的问题：客家学研究的主题有哪些？哪些有意义，哪些纯粹是臆测？这些主题产生的背景是什么？它们是如何通过社会与历史的双重作用，而产生某些政治、经济乃至文化权力的诉求与争议的？当代客家研究如何紧密结合地方社会发展的需要，又如何与国内外其他学科对话与交流？诸如此类的疑惑，需要从理论探索、田野实践和学科交叉等层面努力，以理论对话和案例实证作为手段，真正实现跨区域和多学科的协同创新。

一、触前沿：客家学研究的理论探索

当前的客家学研究主要分布在人文社会科学的诸多学科范围之内，所以开展卓有成效的客家研究自然需要敢于接触不同学科领域的学术理论。比如，社会学科先后出现过福柯的权力理论、布尔迪厄的实践理论、吉登斯的结构化理论、鲍曼的风险社会理论、哈贝马斯的沟通行动理论、卢曼的系统理论、科尔曼的理性选择理论和亚历山大的文化社会学理论。社会科学研究经常需要涉及的热点议题，在客家研究中同样不可回避，比如社会资本、新阶层、互联网、公共领域、情感与身体、时间与空间、社会转型和世界主义。再比如，社会学关于移民研究的推拉理论、人类学对族群研究的认同与边界理论以及社会转型与文化变迁的机制，都可以具体应用到客家研究上，并形成理论对话而提升客家研究的高度。在研究方法上，人文社会科学提倡的建模、机制与话语分析、文化与理论自觉等前沿手段，都可以遵循"拿来主义"的原则为客家研究所用。

可以说，客家研究要上升为独具特色的独立学科，首先要解决的便是理论对话和科学研究的范式问题。客家学作为一门融会了众多社会人文学科的综合性学科，既不是客家史，也不是客家地区政治、经济、文化等内容的汇编或整合，而是一门以民族学基础理论为基础，又比民族学具有更多独特特征、丰富内容的学科。不可否认的是，客家研究具有自身独特的学术传统，但要形成自身的理论构架和研究方法，若离开历史学、文献学、考古学、人类学、语言学、社会学、民俗学等诸多学科理论的支撑，显然就是痴人说梦。要在这方面取得成绩，则非要长期冷静、刻苦、踏实、认真潜心研究不可。如若神不守舍、心动意摇，就会跑调走板、贻笑大方。在不少人汲汲于功名、切切于利益、念念于职位的当今，专注于客家研究的我们似乎有些另类。不过，不管是学者应有的社会良知与独立人格，还是人文学科秉持的历史责任与独立思考的精神，都激励我们坚持实事求是的原则，在触碰前沿理论上不断探索，以积累学科发展所需的坚实理论。

　　要做到这一点，就得潜下心来大量阅读国内外学术名著，了解前沿理论的学术进路和迁移运用，使客家研究能够进入国际学术研究对话的行列。

二、接地气：客家研究的田野工作

　　学科发展需要理论的建设与支撑，更离不开学科研究对象的深入和扩展，而进入客家人生活的区域开展田野工作，借助从书斋到田野再回到书斋的螺旋式上升的研究路径，客家研究才能做到"既仰望星空又能接地气"，才能厚积薄发。

　　人类学推崇的田野工作要求研究者通过田野方法收集经验材料的主体，客观描述所发现的任何事情并分析发现结果。[①] 田野工作的目标要界定并收集到自己足以真正控制严格的经验材料，所以需要充分发挥参与观察、深度访谈和问卷调查的手段。从学科建设和学科发展的角度，客家族群的分布和文化多元特征，决定了客家研究对田野调查的依赖性。这就要求研究者深入客家乡村聚落，采用参与观察、个别访谈、开座谈会、问卷调查等方法调查客家民俗节庆、方言、歌谣等，收集有关客家地区民间历史与文化丰富性及多样性的资料。

　　而在客家文献资料采集方面，田野工作的精神同样适用。一方面，文献资料可以增加研究者对客家文化的理解，还可以对研究者的学术敏感和问题意识产生积极影响；另一方面，田野工作既增加了文献资料的来源，又能提供给研究者重要的历史感和文化体验，也使得文献的解读可以更加符合地方社会的历史与现实。譬如，到图书馆、档案馆等公藏机构及民间广泛收集对客家文化、客家音乐、客家方言等有所记载的正史、地方志、

003

---

　　① 埃里克森. 什么是人类学［M］. 周云水，吴攀龙，陈靖云，译. 北京：北京大学出版社，2013：65 - 67.

文集、族谱及已有的研究成果等。田野调查需要入村进户，因此从具有深厚文化传统的客家古村落入手，无疑可以取得事半功倍的效果。

在客家地区开展田野调查，需要点面结合才能形成质量上乘的多点民族志。20 世纪 90 年代，法国人类学家劳格文与广东嘉应大学（2000 年改名为嘉应学院）、韶关大学（2000 年改名为韶关学院）、福建省社会科学院、赣南师范学院、赣州市博物馆等单位合作，开展"客家传统社会"的系列研究。他在长达十多年的时间里，辗转于粤东、闽西、赣南、粤北等地，深入乡镇村落，从事客家文化的田野调查。到 2006 年，这些田野调查的成果汇集出版了总计 30 余册的"客家传统社会"丛书，不仅集中地描述客家地区传统民俗与经济，还具体地描述了传统宗族社会的形成、发展和具体运作及其社会影响。

2013 年以来，嘉应学院客家研究院选择了多个历史悠久、文化底蕴深厚的古村落，以研究项目的形式开展田野作业，要求研究人员采用参与观察、深度访谈、文献追踪等方法，对村落居民的源流、宗族、民间信仰、习俗等民间社会与文化的形成与变迁进行深入的分析和研究，形成对乡村聚落历史文化发展与变迁的总体认识。在对客家地区文化进行个案分析与研究的基础上，再进行跨区域、跨族群的文化比较研究，揭示客家文化的区域特征，进而梳理客家社会变迁和文化发展过程。

闽粤赣是客家聚居的核心区域，很多风俗习惯都能够找到相似的元素。就每年的元宵习俗而言，江西赣州宁都有添丁炮、石城有灯彩，而到了广东的兴宁市和河源市和平县，这一习俗则演变为"响丁"，花灯也成了寄托客家民众淳朴愿望的符号。所以，要弄清楚相似的客家习俗背后有何不同的行动逻辑，就必须用跨区域的视角来分析。这一源自田野的事例足以表明田野调查对客家学研究的重要性。

无论是主张客家学学科建设应包括客家历史学、客家方言学、客家家族文化、客家文艺、客家风俗礼仪文化、客家食疗文化、客家宗教文化、华侨文化等,① 还是认为客家学的学科体系要由客家学导论、客家民系学、客家历史学、客家方言学、客家文化人类学、客家民俗学、客家民间文学、客家学研究发展史八个科目为基础来构建,客家研究都无法回避研究对象的固有特征——客家人的迁徙流动而导致的文化离散性,所以在田野调查时更强调追踪研究和村落回访②。只有夯实田野工作的存量,文献资料的采集才可能有溢出其增量的效益。

三、求创新：客家研究的学科交叉

学问的创新本不是一件易事,需要独上高楼,不怕衣带渐宽,耐得住孤独寂寞,一往无前地上下求索。客家研究更是如此,研究者需要甘居边缘、乐于淡泊、自守宁静的治学态度——默默地做自己感兴趣的学问,与两三同好商量旧学、切磋疑义、增益新知。

客家研究要创新,就需要综合历史学、人类学、语言学、音乐学、社会学等学科理论和方法,对客家民俗、客家方言、客家音乐等进行综合分析和研究,以学科交叉合作的研究方式,形成对客家族群全面的、客观的总体认识。

客家族群作为中华民族共同体的一个重要支系,在其形成和发展过程中融合多个山区民族的文化,形成独具特色的文化体系。建立客家学学科,科学地揭示客家族群的个性和特殊性,可以加深和丰富对中华民族的认识。用客家人独特的历史、民俗、方言、音乐等本土素材,形成客家学体系并进一步建构客家学学科,将有助于促进中国人文社会科学本土化的发展,从而为中国人文社会科学的发展和繁荣作出应有的贡献。客家人遍布海内外 80 多个国家和地区,客家华侨华人 1 000 余万,每年召开一次世

---

① 张应斌. 21 世纪的客家研究（关于客家学的理论建构）[J]. 嘉应大学学报, 1996（10）: 71 - 77.

② 科塔克. 文化人类学——欣赏文化差异 [M]. 周云水, 译. 北京: 中国人民大学出版社, 2012: 457 - 459.

界性的客属恳亲大会，在全世界华人中具有重要影响。粤东梅州是全国四大侨乡之一，历史遗存颇多，文化积淀深厚，华侨成为影响客家社会历史和文化发展的重要因素。建立客家学学科，将进一步拓宽华侨华人研究领域，有助于华侨华人与侨乡研究的深入发展。

在当前客家学研究成果积淀日益丰厚、客家研究日益受到社会各界重视的情况下，总结以往研究成果，形成客家学学科理论和方法，构建客家学学科体系，成为目前客家学界非常紧迫而又十分重要的任务。

嘉应学院客家研究院敢啃硬骨头，在总结以往研究成果的基础上，完成目前学科建设条件已初步具备的客家文化学、客家语言文字学、客家音乐学等的论证和编纂，初步建构客家学体系的分支学科。具体而言，客家文化学探讨客家文化的历史、现状和未来并揭示其发生、发展规律，分析客家族群的物质文化、制度文化和精神文化的产生、发展过程及其特征。客家语言文字学探讨客家方言的语音、词汇、语法、文字等的特征，展示客家语言文字的具体内容及其社会意义。客家音乐学探讨客家山歌、汉剧、舞蹈等的发生、发展及其特征，揭示客家音乐的具体内容和社会意义。

客家族群是汉民族的一个支系，研究时既要注意到汉文化、中华文化的普遍性，又要注意到客家文化的独特性，体现客家文化多元一体的属性。客家学研究的对象，决定客家学是一门融合历史学、民俗学、方言学、音乐学、社会学等众多社会人文学科的综合性学科。如何形成跨学科的客家学研究理论与方法，是客家研究必须突破的重要问题。唯有明确客家学研究的基本概念、理论和方法，并通过广泛的田野调查和深入的个案研究，广泛收集关于客家文化、客家方言、客家音乐等各种资料，从多角度进行学科交叉合作的分析和研究，才能实现创新和发展。

嘉应学院地处海内外最大的客家人聚居地，具有开展客家学研究得天独厚的地缘优势。1989 年，嘉应学院的前身嘉应大学率先在全国建立了专门性的校级客家研究机构——客家研究所。2006 年 4 月，以客家研究所为基础，组建了嘉应学院客家研究院、梅州市客家研究院。因研究成果突出、社会影响大，2006 年 11 月，客家研究院被广东省社会科学界联合会评为"广东省客家文化研究基地"；2007 年 6 月，被广东省教育厅评为"广东省普通高校人文社会科学省市共建重点研究基地"。之后其又被广东省委宣传部、广东省社会科学院评为"广东地方特色文化研究基地——客家文化研究基地"，被广东省文化厅评为"广东省非物质文化遗产研究基地"，被广东省教育厅评为"广东省粤台客家文化传承与发展协同创新中心"；还经国家民政部门批准，在国家一级学会"中国人类学民族学研究会"下成立了"客家学专业委员会"。

2009 年 8 月，在昆明召开的第 16 届国际人类学大会上，客家研究院成功组织"解读客家历史与文化：文化人类学的视野"专题研讨会，初步奠定了客家研究国际化的基础。2012 年 12 月，客家研究院召开了"客家文化多样性与客家学理论体系建构国际学术研究会"，基本确立了客家学学科建设的基本途径和主要方法。另外，1990 年以来，嘉应学院客家研究院坚持每年出版两期《客家研究辑刊》（现已出版 45 期），不仅刊载具有理论对话和新视角的论文，也为未经雕琢的田野报告提供发表和交流的平台。自 1994 年以来，客家研究院承担国家社会科学基金项目 2 项，广东省哲学社会科学规划项目等 20 余项，出版《客家源流探奥》[①] 等著作 50 余部，其中江理达等的著作《兴宁市总体发展战略规划研究》[②] 获广东省哲学社会科学优秀成果一等奖，肖文评的专著《白堠乡的故事：地域史脉络下的乡村建构》[③] 获广东省哲学社会科学优秀成果二等奖，房学嘉的专著《粤东客家生态与民俗研究》[④] 获广东省哲学社会科学优秀成果三等奖。深

---

①　房学嘉. 客家源流探奥［M］. 广州：广东高等教育出版社，1994.

②　邱国锋，江理达. 兴宁市总体发展战略规划研究［M］. 广州：广东高等教育出版社，2009.

③　肖文评. 白堠乡的故事：地域史脉络下的乡村建构［M］. 北京：生活·读书·新知三联书店，2011.

④　房学嘉. 粤东客家生态与民俗研究［M］. 广州：华南理工大学出版社，2008.

厚的研究成果积淀，为客家学学科建设奠定了坚实的理论基础。经过几代人的不懈努力，嘉应学院的客家研究已经具备了在国际学术圈交流的能力，这离不开多学科理论对话的实践和田野调查经验的积累。

客家学研究丛书的出版，既是客家研究在前述立足田野与理论对话"俯仰之间"兼顾理论与实践的继续前行，也是嘉应学院客家学研究朝着国际化目标迈出的坚实步伐。"星星之火，可以燎原"，这套丛书包括学术研究专著、田野调查报告、教材、译著、资料整理等，体现了客家学学科建设的不同学术旨趣和理论关怀。古人云，"不积跬步，无以至千里；不积小流，无以成江海"，我们愿意从点滴做起。希望丛书的出版，能引起国内外客家学界对客家学学科体系建设的关注，促进客家学研究的科学化发展。

编　者

2014 年 8 月 30 日

前　言

2007 年暑假，笔者随团初次访问日本，先后到东京和北海道转了一圈。同行的都是大学的同学和老师，大家一路上有说有笑，玩得十分开心。这次日本之旅，对于个人而言，最大的收获就是改变了对日本的一些刻板印象，并下定了本科毕业后赴日本留学的决心。

犹记得当年到访东京的第一站是明治大学。我们来校第一天就上了一堂别开生面的"思政课"——没错，我们在日本的高校参加了一场以"反思侵华战争"为主题的讲座。主持人是一位中国籍的教授，而主讲嘉宾竟然是一个日本人，一位戴眼镜、西装革履的老年男性，70 岁左右的年纪，听现场的同学介绍说，他是明治大学的副校长。

眼前的这一幕对于当时的我而言实在有些不可思议，说实话，多少撼动了我对日本人"全都拒不承认历史"的固有观念。课后，我迫不及待地奔向附近的书店，寻找有关中日历史的书籍，看看他们到底是怎样描述近现代史的。因为我还是怀疑，方才那场讲座会不会是日方刻意安排的"表演"。

经过观察，我发现，日本人真的很喜欢看书。在东京，尤其是在大学附近，随便都能找到一家书店，有坐落在繁华街边的大型书店，也有隐藏在小巷子里的迷你书屋，书店无论规模大小，皆有丰富的藏书，从文史哲到数理化类的书籍、杂志，应有尽有，而且几乎每家店内都有很多顾客。新书店自不必说，即使是二手书店，书籍也被整理、归纳得很好，而且所有的书都保管得不错，有的旧书不看版权页，你都不敢相信它已经绝版

多年。

　　我当时在日本的各大书店浸泡了好几个小时，发现历史方面的书尤其是有关中日关系的书根本就不用费劲去找，到处都是。随手翻阅了几本貌似比较权威的出版社的历史书，发现编写者都还是承认"战败"和"侵略"的，看来刚才在明大参加的讲座并非一场刻意的"演出"。但与此同时，我也在书店发现了几本由右翼集团所编撰的历史书，这类书物肆意篡改历史、美化侵略战争，实在令人气愤。然就整体而言，大多数的日文图书对那场侵略战争还是有比较客观的描述的——尽管他们不可能和我们的立场一致，也不会写得太详细，毕竟"战前"的日本是个不折不扣的侵略国家，它给亚洲人民所带来的伤害是持久性的。

　　我当时住在东上野的一家公寓里，公寓的房间譬若麻雀，小巧却五脏俱全，现代的家具、电器应有尽有。在此居住期间，发生了一桩趣事。

　　公寓的房间小，电梯更小。由于我住的是高层，每次上下楼难免邂逅较低楼层的住客。我发现，日本的邻居每次进出电梯时总是小心翼翼的，虽然彼此不认识，但都会礼貌地微笑和打声招呼，而且他们总是会说"不好意思"或"对不起"，这可能因为是他们觉得自己乘坐电梯耽搁了高层住户的时间吧，这让当时的我觉得有点夸张，也有点新鲜。后来，当我遇到比自己更高楼层的住户时，我也有样学样，跟着说"不好意思"，心想，这也许就是当地的文化，入乡随俗便是。

　　乘坐电梯的时候，我经常遇到一个日本人，起初不以为意，后来想当然地以为他就是公寓的管理员。公寓的楼下有一家投币式的洗衣房，是隶属于公寓的公用资产，有好几次我又在那里遇见那个日本人，这就更加坚定了我的猜想——他肯定就是整栋公寓的管理员了，相当于国内的"宿管"。

　　我每次去洗衣房，都发现洗衣粉或洗衣液固定放在一处地方。我以为洗衣服的费用里是包括洗衣粉或洗衣液的，于是每次都用得理所当然。有一回，我发现放在那里的洗衣粉和洗衣液都用完了，便去找"宿管"索要新的。说来也巧，刚好一出洗衣房就碰见了他，他也二话不说就把洗衣粉拿给我用。

我就这样接连使用了好几次，直到有一天我在公寓门口看到他，只见他拿着大包小包，看样子是在等车。我于是过去问他："管理员，您这是要去哪儿？"他笑答："我不是管理员。和你一样，我也是旅客。""啊?!"我瞬间恍然大悟，原来每次我使用的洗衣粉，都是他的私人物品，投币式洗衣房是不提供洗衣粉、洗衣液的！如有需要，要到旁边的便利店或自动贩卖机购买。

我怪不好意思，连忙解释说自己初来乍到，不懂这些。他微笑着说没关系。我一边说着"请等我一下"，一边赶紧坐电梯回房间去拿了一包凤梨酥给他，以表谢意。他欣然接受了，同时从他刚烘干好的衣物里掏出一块头巾给我，说这是回礼。不一会儿，他就上车走了，和我挥手道别。

我甚至连他叫什么名字都不知道，对着他送给我的头巾愣了一会儿，心想："这是拿来做什么的呢？"就在这时，我们的导游回来了。他当时正在日本读研，已经在东京生活了好长一段时间。我把头巾拿给他看，他很讶异地问我怎么会认识黑社会的朋友？说着说着，他拿出手机查给我看，说这块头巾上印的花纹是当地一个很有名的黑社会的家徽，这样的物件一般市民是不可能有的。我听了感到非常惊讶，心想那个"宿管"怎么看也和黑社会联系不到一块儿啊。我顿生感叹，日本真是个神奇的国度，到处都像"菊与刀"一样充满着矛盾却又不失和谐。

导游回来之前，我曾拜托他帮我找找看哪家书店有关于客家文化研究的书籍，他还真的帮我找着了，让我有时间过去看看。实际上，我从高中开始就对客家文化萌生了兴趣，因为当时在某本书中读到日本人的客家印象，后来就对"日本人眼中的客家"这个话题特别有好奇心，很想知道他们到底是怎么看我们的。这也可以说是日后自己从事客家研究的渊源所在吧。

说起来还有一桩往事。就是当时同行的团友中，有两个学日语的女生

因为酷爱日本动漫而幻想整个日本社会都是美好的，对中国近代史上那段惨烈的被侵略史近乎无知。说实话，当年的我有点愤怒，十分反感她们的一些言论，便不顾情面地予以驳斥，令其陷入十分难堪的境地。后来回国后，她们说谢谢我指出她们的偏见，回来后会好好修读抗战的历史，然而当时我的态度并不是十分宽容、友好，现在回想起来还是带有一丝愧疚。毕竟，人的认知其实都是由其所在社会大环境和家庭小环境造就的，古今中外，没有任何一个人是完美的，大家都是有着各种各样的缺点的、有不少知识盲区的普通人。既然别人已经意识到自身的问题，为何不给别人机会改正呢？

对于历史问题，我觉得中日两国的年轻人都需要进一步学习与交流。作为白纸一张的青年人，我们应该欣赏对方的优点，同时我们也要热爱本国的长处。我们既要看到对方的弱势，同时我们也不要回避本国的短板。面对不同观点或意见，我们应当宽容，而不是一听到异见就暴跳如雷。

以上便是笔者对初访日本的一些回忆和感言。回国后，我决心尽快掌握日语，多了解他们的历史和文化。也就是在不断学习日语和日本文化的过程中，我了解到家乡的历史文化名人黄遵宪，他正是中国近代日本研究的先驱，不少日本人对他以及客家的故事了如指掌，总能娓娓道来。反观我们，似乎只对日本有比较整体的印象，而始终欠缺具体、深入的了解。于是，我便决心毕业后赴日攻读文化人类学，以日本文化作为研究方向。

就这样，我从深圳大学毕业后首先来到了日本的古都——京都，并在这里生活了半年。后来通过层层选拔和考试，顺利被日本的东北大学录取，便搬到了仙台。

仙台这个地方相信读者朋友们都不会感到陌生，因为从小我们便学习鲁迅先生的文章，他当年也是在仙台生活了好长一段时间。鲁迅先生就读的仙台医学专门学校，后来被合并到东北大学。因为这点，我经常和朋友们开玩笑说，鲁迅先生是我的师兄。鲁迅精神，不仅影响了一代又一代的中国人，也影响了许许多多的日本人。因为，可能不太多人知道的是，

《藤野先生》也是日本中学生必读的文章。但凡受过中等教育的日本人，无一不知道鲁迅。

言归正传。十分幸运的是，我在东北大学邂逅了恩师濑川昌久先生，同时还有高仓浩树、上野稔弘两位教授，同门的师兄师姐以及同一个研究室的妖怪学、民俗学的前辈们。在几位教授的指导下，我逐渐打开了文化人类学的大门，学会同时用"鸟"和"虫"的视角去看待不同的文化，尤其是学会了理性看待客家文化。通过濑川先生，我结识了许多在日本从事客家研究的前辈，解开了长期以来困扰自己的诸多问题，深感自己有必要充当促进客家社会和日本客家研究学界交流的角色，起到为中日友谊架设一座小桥的作用。感念于此，留学回国后我便积极投入到此项事业中。

本书是自己过去几年在客家与日本方面研究和感悟的小结，但由于个人能力有限，错漏之处在所难免，还望各位读者朋友不吝指正。

罗　鑫

2023 年 3 月

目 录
Contents

第一章　客家人与日本的交流史

第一节　从客乡到东瀛的原点

大瀛海岸古纪州，山石万仞插海流。

徐福求仙乃得死，紫芝老尽令人愁。

此诗题为"听客话熊野徐福庙"，作者是元代学者吴莱（1297—1340年）。据此，杨隆生先生在《世界客属第五次恳亲大会·特刊》中撰文称：徐福可能是最早移民到日本的客家人，因为诗题中的"客"就是"客家"，而"听客话"就是"听客家人说"的意思①。

事实上，早在 1994 年，日本和歌山县新宫市就在既有的"徐福之墓"的基础上扩建了"徐福公园"，查阅当时的捐资者名单，笔者发现客属社团"关西崇正会"的名字赫然在列。另据知情人士介绍，每年夏季举办"徐福祭"的时候，总有一批旅日客家乡贤或团体前往新宫市的徐福庙进行祭拜。2011 年广西北海召开"世界客属第 24 届恳亲大会"之际，"全日本崇正会联合总会"的负责人陈荆芳向媒体直言："我们每年用政府预算

---

① 内刊，出版信息不详，页码缺失。

举行祭拜客家祖先徐福的仪式，帮助客家文化在日本的传承发展。"①

那么，这是否说明徐福真的就是东渡日本的客家先祖呢？笔者认为，与其说这是历史传说，毋宁说是在日客家人的精神信仰。它看似有点荒诞，实则充满智慧，属于典型的大智若愚的表现，是客家精神的写照。

为什么这么说呢？在解答这个问题之前，让我们先来确定一下客家人东渡日本的原点。

需要注意的是，讨论这个问题，有个历史前提条件便是客家社会初步形成于18—19世纪，特别是19世纪，它是中国传统社会与现代文明的分水岭。因为鸦片战争、中日甲午战争等重大历史事件都发生在这百年之内，而这一系列的事件无疑标志着华夷秩序的解体和封建专制主义的危机。

从外交关系上来看，1871年，《中日修好条规》签订，其中第四条规定："两国均可派秉权大臣，并携带眷属、随员，驻扎京师。"1877年，以何如璋（今梅州市大埔县人）为代表的大清国驻日使团抵达神户，这标志着中日两国真正建立了近代意义上的外交关系。当时随何如璋同行的有参赞黄遵宪（著名的日本通、改革派诗人，今梅州市梅江区人），以及随员黄锡铨、梁诗五等，皆是梅州籍的客家人。

笔者认为，客家人东渡日本的历史原点就在于何如璋、黄遵宪等一批梅州籍官员的上任。这是因为：第一，何如璋、黄遵宪本人当时已经有了比较清晰的客家文化意识和强烈的自我身份认同，这从黄遵宪生平创作的几首诗和致亲友的书信中可以看出。像《送女弟》就写道："中原有旧族，迁徙名客人。过江入八闽，展转来海滨。俭啬唐魏风，盖犹三代民。"又，《己亥杂诗》载曰："筚路桃弧展转迁，南来远过一千年。方言足证中原韵，礼俗犹留三代前。"在为诗歌注解的时候，黄遵宪特别强调说："今之州人，皆由宁化县之石壁乡迁来，颇有唐魏俭啬之风，礼俗多存古意，世守乡音不改，故土人别之曰'客人'。"

---

① 详见中国新闻网，http：//www.chinanews.com/df/2011/12－02/3505313.shtml。

再有，光绪十七年（1891），黄遵宪在《与胡晓岑书》中写道："尝窃谓，客民者，中原之旧族，三代之遗民……"在光绪二十七年（1901）的《梅水诗传序》中他又说："嘉应一州，占籍者十之九为客人。此客人者，来自河洛，由闽入粤，传世三十，历年七百而守其语言不变……"

第二，黄遵宪所处的时代，即晚清，正是客家社会酝酿成形，客家意识开始萌芽、成长的时期。当然，我们从不排除在何如璋、黄遵宪等人出使日本之前就有客家人抵达甚至移民日本的可能性，但从笔者现阶段所能搜寻到的文献资料来看，尚无法证实这个猜想。

第二节　客家人东渡日本的时代背景

如上一节所述，何如璋、黄遵宪、黄锡铨、梁诗五等是最先踏足东瀛的客家人，特别是黄遵宪，由于其诗歌、外交等方面的杰出造诣，在日本拥有较高的知名度和影响力。实际上，黄遵宪还是促成客家子弟留学日本的先驱。20世纪初，黄遵宪的门人杨征五、外甥黄篑孙、堂弟黄遵庚、四子璇泰、长孙延豫等亲友就是在他的支持与鼓励下，先后赴日本留学。[1]

1895年，清政府在甲午战争中战败，《马关条约》的签订迫使台湾暂别祖国。在长达半个世纪之久的日本帝国主义殖民统治时期，台湾人既有被强征到日本本土做苦力的，也有因接受高等教育、做生意等而东渡日本的，特别是在1936年末日本帝国主义实施所谓的"皇民化运动"以后，出于各种原因前往日本的台湾人日益增多，其中就有不少是客家人。

此外，在祖国大陆，上至朝廷，下至坊间，都掀起了一场轰轰烈烈的"以日为师"的运动，戊戌变法自不必多说，在客乡本土，也出现了一股赴日求学的热潮，一直持续到民国初年仍未见减退。例如，民国四年

---

① ［日］实藤惠秀、丰田穰：《解说》，《日本杂事诗》，东京：平凡社，1968年，第304页。

（1915），仅旧嘉应州一地就有 194 位客家人在日本留学，其中来自梅县的有 125 人①，他们中有不少便来自黄遵宪旧居所在地的"攀桂坊"以及地处现在嘉应学院南门附近的"留余堂"。这批学子中有一些人后来选择留在日本落地生根。

1945 年 8 月 15 日，日本败降，客家民间与日本的人员往来开始减少，但并未完全中断。1949 年之后的半个世纪里，移民日本的客家人以台湾省的为主。这是因为台湾省地理位置上的接近以及交通工具的发达，让台湾客家人移民的愿望相对容易实现，对国民党一党专政和白色恐怖的厌恶，也是促使一部分台湾省籍客家人决心负笈日本的重要原因。

改革开放以来，中国经济飞速发展，人们的物质与精神文化生活开始发生翻天覆地的变化，民间掀起了继清末民初以后的第二波留日热潮。在这一批批的留日学生中，有不少在学成之后选择定居日本的，他们当中同样不乏客家人的身影。例如，2013 年 8 月，笔者发现在梅州市区的一家"日名"日语培训机构，其股东就是 20 世纪 90 年代留学后入籍日本的梅州人。

不管是在原乡本土还是在祖国的宝岛，战争年代客家人被强制遣送到日本去做苦工的事情时有发生，这是"强制移民"的典型。与此同时，我们也看到有一些客家人为寻求商机、求学等个人原因自愿移民过去的，系"自由移民"②。总之，客家人移民日本的历史呈现出明显的地域性和阶段性，具体案例还有待进一步深入考察。

① 参考韩小林：《嘉应留日学生与辛亥革命》，《客家研究辑刊》2003 年第 2 期，第 71 – 74 页。
② 文化人类学认为，移民主要有四种类型：原始移民（primitive migration），由于生存地自然环境遭受严重破坏而产生的移民；强制移民（forced migration），由于国家制度、社会机器等人为原因而产生的移民；自由移民（free migration），出于自由意志而产生的移民；大众移民（mass migration），受到同乡先行移民者的鼓动而产生的群体性移民。

第三节　客家人在日本的分布以及生存现状

据中国客家博物馆本馆第一展厅"客从何来"的展示内容①，现在日本约有 1 万名客家人，同样的说法出现在：罗英祥（1994）《飘洋过海的客家人》、宇默（2004）《"移垦"文化特质造就特殊历史地位——在日客家族群透视》② 等著作中。

在笔者看来，这 1 万人的观点存在问题：首先，客家是个文化概念，不是行政上、民族上的单位区分，并不被纳入政府部门的权威统计项目，无法确切统计，所以有主观臆断的成分；其次，有很多并不认为自己是客家人的华裔，由于其出生地与世俗认为的客家地区沾边，也被当作客家人统计进去，③ 所以有夸大事实的嫌疑。

如欲相对客观地把握在日客家的人口总数，最佳方法应当是先统计各地客属社团的会员人数，然后在此基础上进行估算。因为但凡入会者，基本上都可以视为客家人，而且会员家庭成员信息也造册在案，容易掌握。按照这样的方法，保守计算在日客家人的总数约为 5 千人。④ 与此同时，在日华侨总人口约为 68.72 万人，而日本总人口为 1.27 亿人⑤。可见，客家人在日本是"少数派中的少数派"。

来源方面，日本的客家人大部分来自粤台两省，极少数来自其他省份或地区。其中，来自大陆的客家移民都是 20 世纪 80 年代以后伴随改革开

---

① 中国客家博物馆于 2019 年 6 月 18 日升级改造完工，改造后此展厅陈列及内容均已调整。

② ［日］日本国际客家文化协会：《客家与多元文化》，东京：亚洲文化综合研究所出版会，2004 年，第 226－228 页。该文原载于 2004 年 9 月 23 日的《中文导报》。

③ ［日］松本一男：《客家パワー中国と東南アジアを動かす》，东京：サイマル出版会，1995 年，第 211－212 页。

④ 不包括暂居日本的游客、留学生等。

⑤ 参照日本政府网站 2010 年统计数据：http://www.e-stat.go.jp/SG1/estat/eStatTopPort-al.do。

放政策而来的新移民及其第二代，来自台湾的基本上都是"二战"前后过来的老华侨及其后代。

那么，客家人主要分布在日本哪里呢？虽然缺乏确切的统计数据，但可以肯定的是客家人在日本主要还是集中在东京、大阪等大城市①，因为那里基本上都有客属社团的存在，说明当地有一定数量的客家人。此外，大城市人口密度大、流动性强，发展机会多，所以客家人也相对集中。

值得留意的是，在日本并没有形成专门的客家村落或社区，即是说客家人在日本相对分散，彼此之间的联系不甚紧密。例如，笔者在宫城县仙台市生活的时候，经常去两家客家人的饭店访问。② 他们两家虽然知道彼此的存在，但平时几乎不怎么来往。并不是因他们之间存在一定程度的竞争关系才如此，事实上他们也没有和其他客家人交往得特别密切——尽管客家人在仙台是绝对的少数，但按道理说更有可能抱团。而且，对包括客属社团在内的所有华人组织，两家人似乎都选择敬而远之，这与其说是出于对它们的不信任，不如说是觉得"没必要"。

至于职业和社会阶层方面，同样地，想具体了解在日本的客家人都从事哪些职业、处在怎样的社会阶层，最好的办法还是调查客属社团成员的个人信息。据此，笔者发现客家人在日本从事各行各业，并没有什么特殊的地方。早期海外华侨安身立命、发家致富依靠的"三把刀"③ 同样适用于这里的客家人。

文化界自然不乏杰出的客家人，像教育学家钟清汉、历史学家戴国辉

---

① 宇默（2004）甚至认为日本有一半以上的客家人聚集在东京。
② 一家叫"樱园张广东饭店"，老板来自广东省河源市。另一家叫"周香港饭店"，老板是祖籍惠州的香港客家人。
③ 即剪刀（裁缝）、剃刀（理发师）和菜刀（厨师）。

等在日本学界可谓声名显赫。① 在商界，虽然有像李合珠一样的佼佼者，②
但如河合洋尚所指出的那样，并没有出现像胡文虎、曾宪梓一样具有代表
性的大富豪。③ 此外，在演艺圈也有客家人的身影，如祖籍梅州市梅县区
松口镇官坪村的知名女演员余贵美子、范文雀等。④ 至于政界，则因为日
本未开放参政权给外国人等原因，尚未听过有客家人从政的事迹。

总之，随着中日两国文化交流的深入，特别是日本政府积极吸收外国
人才政策的实施以及华人圈经济实力的日趋雄厚，越来越多的客家人来到
日本，逐渐成长为各个行业的精英。不过需要指出的是，从事何种职业、
取得怎样的成就，这些多半是由各人自身既有条件、意愿和努力程度决定
的，和"客家基因"本身没有必然联系。

本章多次提到了日本客属社团的存在，在此有必要对其历史做简要的
梳理。

同样据杨隆生先生的介绍，1911 年，来自惠阳、宝安（今深圳市）两
县的客家人在神奈川县横滨市中区山下町 104 四番地组建了"惠安公所"，
号称是最早期的客属社团。⑤ 可是谁都知道惠阳、宝安并非纯客县，如何
断定组建惠安公所的侨民到底是不是客家人呢？就此，笔者于 2012 年 11
月上旬专门赴横滨唐人街做了次实地调查。遗憾的是，所发现的唯一一个
可能和惠阳、宝安客家有关系的"广东会馆"实际上是个广府侨民的组

007

① 参考罗鑫：《日本的客家与客家团体》，［日］河合洋尚等主编：《日本客家研究的视角与方法——百年的轨迹》，北京：科学文献出版社，2013 年。

② ［日］松本一男：《客家パワー中国と東南アジアを動かす》，东京：サイマル出版会，1995 年，第 215－220 页。可能是出于隐私权的考虑，松本在书中虽然介绍了许多客家出身的大老板，但除了李合珠外，其他基本上都用大写字母 G、I、J、K 等代替具体姓名，故无法核实真伪。

③ ［日］河合洋尚著，罗鑫译：《初步报告：日本客家的历史与族群性》，内部发行，2014 年。

④ 2012 年 7 月 2、3 日期间，关东崇正会委托 NHK、中国国际广播电台和天下客家网等媒体到松口英顺公祠拍摄寻根访祖的纪录片。详见梅州时空网站的报道：http://bbs.mzsky.cc/thread-1532027-1.html。另据河合洋尚报告，余贵美子本人在参与此节目之前完全不知道什么"客家"。也就是说，她本人意识到自己是"客家人"是最近十年才发生的事。

⑤ 杨隆生：《客家人东渡日本史》，［日］日本崇正会编：《世界客属第五次恳亲大会·纪念特刊》，东京：日本崇正会，1980 年，第 3 页。

织，所以直接把惠安公所等同于客属社团的说法显然是不严谨的。

迄今为止有证可查的、最早的客属社团应该是 1945 年 10 月成立的"客家公会"。其代表人物是来自台湾的范子唐。据河合洋尚报告，客家公会是个红色革命组织，因为公会相当一部分骨干同时是左翼进步组织"华侨民主促进会"的成员，负责日本"中国通讯社"的日常运作。1955 年范子唐返归中国大陆后，客家公会随之销声匿迹。

1963 年 4 月 13 日，在以李茶珍和彭鹤寿为代表的一群台湾客家乡亲的推动下，新的客属社团"东京崇正公会"在新宿宣告成立。值得留意的是，虽然该社团是在国民党党员丘念台（丘逢甲之子）的鼓励下成立的，但创建后提出了"不问政治""不问宗教""不问国籍"的三大原则，没有特别表现出亲台湾省国民党政权的姿态。

20 世纪 60 年代中后期，受东京崇正公会的影响和启发，分布在日本其他地方的台湾客家人也相继建立了自己的崇正会，例如名古屋崇正会（1965 年成立）和关西崇正会（1968 年成立）。

1969 年，日本崇正总会成立，成为统领日本各地区崇正会的顶层组织，由范添福担任首任会长。1980 年，在日本崇正总会的推动下，世界客属第 5 届恳亲大会在东京成功举办。受大会的影响，北海道崇正会、东北崇正会、九州崇正会和冲绳崇正会也相继成立。及至 1998 年，日本崇正总会已经发展成为一个拥有八个分会的全国性组织。1999 年，应时代发展需要，日本崇正总会正式更名为"全日本崇正会联合总会"（以下简称"联合总会"）。

遗憾的是，进入 21 世纪以后，随着会员老龄化的严重加剧，"联合总会"开始出现重大变化，主要表现在：20 世纪 80 年代成立的北海道崇正会、东北崇正会、九州崇正会相继关闭；西日本崇正会（1971 年成立）被关西崇正会合并；东京崇正会的政治立场发生严重倾斜、"台独"色彩日趋浓厚，导致一部分会员脱离，另外组织成立了关东崇正会。

因此，日本客属社团崇正会现今仅余六家。其中，关东、关西、名古屋、冲绳等四个地区性的崇正会依然由"联合总会"管理，东京崇正会则独立运营。

　　笔者认为，崇正会特别是东京崇正会与其说是旅日客家人的组织，不如说是由台湾客家人主导的组织。因为各崇正会会员中几乎没有来自台湾以外的客家人，反过来，知道有崇正会存在的其他地区出身的客家人也少之又少。特别值得留意的是，日本的一些政客会通过崇正会来加强与台湾的政治联系。

　　值得一提的是，除了崇正会以外，日本还有一个和客家有关的社会性组织，即"亚洲文化总合研究所"下设的"日本国际客家文化协会"。它是由前面所提到的教育学家钟清汉在 2004 年 7 月 25 日推动成立的一个国际客家学学术组织。由于该协会和一般意义上的客属社团（如崇正会）有着本质区别，姑且留待其他章节再行展开论述。

　　此外，2003—2009 年期间，在日本还成立了"全日本台湾客家妇女会"（以下简称"妇女会"）。妇女会由黄寿美女士牵头成立，高峰期时拥有固定会员数十名，设正副会长各一名。该协会以服务在日本生活的台湾省籍客家妇女为宗旨，曾经举办过一系列的活动，包括邀请中川学等日本客家学者前来开讲座等，一度办得风生水起，终因与东京崇正会、关东崇正会等其他协会的纠纷而宣告解散，宛若昙花一现。①

　　"妇女会"的兴衰告诉我们，日本的客属社团的会员很多都是交叉的，即一个人可以同时加入多个社团，而会员之间的关系也比较复杂，既有合作互助的一面，也存在一定程度上的竞争。这点笔者在参加"日本客家文化协会"创会十周年活动时亦深有体会。

---

　　①　周子秋：《日本客家述略》，东京：日本关东崇正会，2015 年，第 66 页。

第四节　客家文化在日本的传承与发展情况

说起客家文化，浮现在人们脑海中的往往是：娘酒、酿豆腐，围龙屋、土楼，历史名人，三山国王，山歌和五句板，语言和认同感，等等。这些有形或无形的东西，构成了客家文化的全部。

大家知道，客家文化的形成是个极为复杂的动态过程，个中既含传承又有嬗变。中日两国虽然在文化上有许多近似之处，但始终是不同的社会。生活环境的改变必然带来客家文化的改变，因为文化本来的意思就是人类适应环境的手段。当客家人移民海外时，除却随身所带的有限物件外，基本上只能把无形的东西带过去，待各方面条件成熟了才有可能把有形的东西再现出来。即是说，客家文化在日本传承，有两样不可或缺的基本条件，那就是时间和意识。

所谓"时间"，实际上包括两层含义：一是从通时的角度比较前后几代人对客家文化理解和实践的异同。需要注意的是，移民的第一代未必就与第一个世代的人重合。二是从共时的角度比较同一代人对客家文化的继承程度。需要注意的是，客家人到日本后不仅会受到日本文化的冲击，也难免受到其他移民的影响。如前所述，客家移民是以家庭为单位分散在日本各地的，当中有些就生活在"韩人街"等其他外国移民十分集中的社区，他们不可避免地也会受到其他移民文化的影响。

需要注意的是，并非所有移民日本的客家人都有高度的文化自觉。他们的客家意识，很多是来自媒体的宣传和介绍，客家文化对多数人而言只是个熟悉而茫然的概念。尽管他们也自认为是客家人，但客家文化是否该传承下去、该如何传承下去等问题对他们来说不是现实而紧迫的。

日本的客家文化，绝非一块坚如磐石的整体，客家文化本身的多样性不可忽略。如前所述，历史上移民日本的客家人以来自台湾的为主流，而台湾的客家文化与大陆的客家文化本身就有差异，到达日本后随着时间的流逝又不断发生新的变化。事实上，在日本体验到的客家文化，往往是日本化了的台湾文化或者只是冠以客家之名的日本文化。例如，笔者2011年曾在东京某中餐馆试过一道"客家料理"，感觉完全就是日本人"发明"的中国菜。事实上，这样的例子在日本比比皆是，如"广东面""天津饭"等一概是非中国本土的东西。

另外，纵然客家人有"宁卖祖公田，毋忘祖公言"的名训，但大多数在日本的客家人还是像在印度尼西亚的闽南人一样，无可避免地"三代成峇"① 了。如前文所提到的在仙台开中餐馆的周老板，他的家庭语言为日语，其次是粤语，客语基本只限于夫妇间的交流。这是大陆移民的情况，那么更早来到日本的台湾客家移民又是如何呢？在此引用关东崇正会的现任会长周子秋的话说就是："一代已凋零、二代均高龄、三代不关心、四代被同化。"也就是说，台湾客家移民由于在日本的时间更长，被同化得也更早、更彻底。

当然，从另一个角度看，客属社团崇正会几十年来的努力也告诉我们：客家文化在日本没有消失。即使丢失了母语，却依然保持对客家身份的认同，这样的客家人在日本并不在少数。

第五节　小　结

受互联网和广播电视媒体的影响，现在社会上有不少人动辄把客家的历史追溯到千百年前的西晋末年甚至秦汉，将客家的源流总括为中原士族的数次南迁，也喜欢把中国古代的一些名人雅士归为客家人，但是通过以

---

① 参考曹云华：《嬗变与传承：印度尼西亚客家人的文化适应》，《客家研究辑刊》2013年第2期。

上章节内容的介绍我们可以说：客家不过是步入近代之后才逐渐形成的一种集体意识或者说文化观念，其历史并没有世人想象得那么久远。①

实际上，不止客家，连日本的成立也是类似的道理。在明治维新以前，日本各地的民众或多或少都有"藩"的意识，却几乎没有日本的概念，是明治政府刻意向民众灌输以"日本精神"并不断将其培养壮大，最终让日本列岛成为一个具有近代意义的国民国家。② 在回过头来书写本民族、国家的历史时，为营造出一种理所当然的氛围，民族主义者自然要把起点设定在遥远的古代。所以明治政府告诉民众：日本自古以来就是一个轮廓清晰、密不可分的实体，日本人莫非"万世一系"的天皇子民。然而，事实并非如此单纯③。

客家虽然不是一种政治集合，其产生也不是一个自上而下的过程，但同样是个带有假构性的真实存在。也就是说，在近代客家社会形成以前，客家人的祖先的确在这片土地上生活，谁也不敢否认其中就完全没有从中原一路南迁下来的贵族后裔。但仅凭这点恐怕不能证明古人当时就已经有了和今日一样的客家认识，④ 事实上那时极有可能连"客家"一词都还没有出现。⑤ 也就是说，研究客家人移民日本的问题，必须把范围限定在19世纪客家社会真正形成以后。

同时，谁都知道中日两国一衣带水，彼此间的交往源远流长。在漫长

---

① 据日本文化人类学家濑川昌久的口头教示。事实上，这也可以说是日本知识界的一般认识。

② ［日］川田顺造：《日本を問い直す—人類学者の視座》（《重问日本——人类学者的视角》），东京：青土社，2010年。

③ 有关"日本"的形成，可参考中外历史文化学者的相关著作。因为和本文无直接关系，在此不予阐述。

④ 今日一般的客家认识，主要包括如下几点，即：客家人的祖先是中原士族，为躲避战乱而几经迁徙，最终南下与当地少数民族融合；客家文化是汉文化乃至中华文明的精华；客家出了很多左右中国历史发展命运、对世界影响深远的伟人名家；客家历史悠久、传统文化几乎亘古未变，等等。显然，这些都是以罗香林（1933）为代表的学者所构建出来的经典客家意象。

⑤ 据查证，历史上最早出现"客家"二字的文献是康熙廿六年的《永安县次志》（屈大均，1687），而最早在活字上把"客家"描述为中原后裔的是《丰湖杂记》（徐旭曾，1808）。换言之，在清代以前的史料中并没有"客家"的存在。

的历史长河中，出现过不少促进两国文化交流的贤达先进。在这当中，某些人物的出生地由于与客家的"迁徙路线"或聚居地相重合，又或者只是和古诗词文献中的"客"字沾边，就被归为客家与日本交往的先驱。尤其在全球各地自我意识膨胀，旅游文化资源开发方兴未艾的当下，出现这样的主张更是不足为奇。就像本章第一节所提到的徐福信仰一样，这样的主张虽然经不起学术论证，但其出现有着深层次的历史原因和现实意义。

通过以上的讨论，笔者认为至少可以得出以下几个结论：

第一，对于清末以前的大多数老百姓来说，还没有"客家人"这样的自觉意识。那时去日本的移民，还称不上是"客家移民"。

第二，最早抵达日本的客家人不是徐福而是何如璋、黄遵宪等人，日本部分客家人之间流传的徐福信仰是一种"现实"而非"真实"。它产生的根本原因在于：对作为极少数派、居住分散的客家人而言，需要一个强大的精神支柱来团结对外，而这个精神支柱必须要有足够的认知度和震慑力。徐福作为中日交流史上最久远、最具有神话色彩的人物，恰好符合条件，成为最佳人选。"真实"虽然不是"事实"，但同样有其存在的道理和价值，应当予以充分理解和尊重。作为日本少数群体（华侨华人）中的少数群体，客家人利用日本人固有的徐福传说，在传统文化和心理认同上占据一个高点，为本族群在日本人心目中树立相对崇高的印象，为其生存与发展形成一种便利。不得不说，这是十分智慧的选择。

第三，崇正会台湾色彩浓厚的事实至少说明两个问题，一是长期以来在日本很少有中国台湾地区以外的客家人存在；二是地域性大于族群性，即人们更倾向于小范围的团结，因为彼此之间的同一性更大。

第四，在日本的客家人口总数应该在 5 000 人左右。他们基本上来自中国台湾地区和广东省，大多数客家人选择在大城市定居，从事各种行业，大部分都是普通人。日本没有专门的客家村落或社区，除了专门介绍或研究客家的书籍外，很难实际感受到客家文化的存在，偶尔能体验到的客家文化如"客家料理"等往往是日本化了的台湾文化或者冠以客家之名

的日本文化。客家文化本身的地域多样性和变化不可忽视。

第五，客家人移民日本呈现出明显的阶段性和区域性：从晚清到民国时期，既有来自大陆的也有来自台湾的；"二战"结束特别是在20世纪50—80年代，以台湾客家人为主；20世纪90年代以后大陆客家人反超。

第六，日本最大的客属社团是崇正会，它从成立至今一直由台湾客家人主导，为客家文化在日本的传承做出了积极贡献。但总体而言，日本的崇正会发展到今天，与其说是客属社团，不如说是旨在促进台湾省与日本的文化、经济等方面交流的半官半民组织。另外，随着经济全球化和科学技术的进步，社团本身的作用不断被削弱。加上成员人均年龄的增大和新生力量的缺失，崇正会正面临着巨大的生存挑战。

第七，客家文化在日本既有传承又有嬗变。多数移民日本的客家人并没有特别的文化自觉意识，他们的生活方式和思想每天都受到日本文化和其他族群文化的影响而发生改变。尽管一部分人仍保持对客家文化的认同感，但他们中的多数已经失去客家文化的基本特征。

第二章 日本人的客家认知

第一节 富于革命传统的"古代中原后裔"

自从 2008 年 7 月福建土楼被联合国教科文组织正式列入"世界文化遗产名录"以来，日本人对客家人、客家文化的关心与日俱增。各大新闻媒体及旅行社对客家历史和文化的宣传报道源源不断，以至于现在不少日本人都知道"客家"读作"Hakka"[①]，指的是生活在中国华南地区、中国台湾地区、东南亚乃至世界各地的一群出身特殊、文化特别、团结进取、成就非凡的人，堪称"古代中原后裔"。

除电视新闻、网络媒体外，截至目前，由日本人写就的、以客家为专题的著作已逾 20 本，有些还一版再版，受到读者的青睐。如果说这些著作更多的是为满足对客家特别感兴趣的专业读者群需求的话，那么促使更多普通日本人知道客家的无疑就是那些间接提到客家的大众读物了。

实际上，日本大多数涉及中国近现代社会历史文化的著作（甚至包括部分教科书）都会对"客家"进行介绍，颇让读者产生"无客家儿女，不中国革命"的感觉。此外，《广辞苑》等权威性的现代日语词典也收录了

[①] "客"在日语中一般采用音读，读作"Kia Ku（きゃく）"，"家"读作"Ka（か）"或"Ke（け）"。将"客家"读成"Hakka（はっか）"是特殊的。按照日本人的说法，谓之"现地读み"，即采用本地语言的读音。

"客家"的词条，解释说："客家人分布在以广东省为中心的中国东南诸省，是历史上从华北南迁而来的汉族后裔，与其他汉族人和少数民族有所区别，具有独特的习俗和语言。"

那么，日本人对客家族群的认知，到底都经历了哪些阶段呢？

第二节　模糊印象阶段
（19 世纪 70 年代—20 世纪 20 年代）

如前一章所介绍的那样，老一辈的日本客家人奉徐福为来日先祖——这只是一种有如民间信仰般存在的社会"现实"而非历史"真实"。客家与日本交流的历史原点，应当设定在 1877 年，以梅州人何如璋、黄遵宪为代表的"清朝驻日使团"的到访为标志性事件。尽管黄遵宪等人有着比较高度的"客人"自觉意识，但主要还是通过旧体诗的形式，零零散散地表达对客家源流的关心、简要地为"我族"辩护而已，并没有刻意向日本人积极宣扬客家文化。毕竟，不辱清廷托付的外交使命、为中华民族救亡图存才是何、黄一行进驻日本的头等大事。更为重要的是，"客家"在当时尚不具有近代意义。也就是说，黄遵宪有关"客人"的诗作，主要是写给那些污蔑客家族群的国内文人看的。

1895 年，日本凭借《马关条约》侵占了中国宝岛台湾。彼时，台湾岛内早已有客家人定居，尽管人口不多，却也是一股不容小觑的力量。例如，抗日爱国诗人、义军统领丘逢甲，义军领袖吴汤兴、徐骧、姜绍祖等众皆客家子弟。台湾客家人的激烈反抗固然引起日本殖民当局的高度关注与强力镇压，但由于没有任何抗日组织以"客家"为旗号，在 20 世纪以前，日本民间自不必说，官方以及学术界对客家也是知之甚少。

迄今为止已发现的日本官方对"客家"较早的文献记录是参谋本部编纂课在 1895 年编写的《台湾志》（八尾新助出版）。其有记载曰："有一种被称为哈喀的种族，看似与（非客家的）中国人相同，其实不然……哈喀在台湾多有分布，据说他们与其他中国人不合，互相之间经常争斗。哈喀以农业为生，居住在生蕃与纯中国人的交界地带，被称为'内山客'。"另，日本地理学家小川琢治对有清以来客家人骁勇善战、积极反抗的事迹表示关注。或许是受到瑞士巴色差会传教士毕安（Charles Piton）的著述的影响，小川琢治撰写《台湾诸岛志》（东京地学协会，1896 年）时也主张客家是从宁化石壁迁徙来台的福建人。

　　1902 年，上海东亚同文书院①的日本学生到浙江丽水游学后留下了一篇有关"客家"的记录，然而其所描述的"勤耕善歌"的"客家人"实际上是今天的畲族。更为有趣的是，东亚同文书院的日本师生到访东江流域（包括江西赣州，广东河源、惠州等市，在今日无一不属于"客家地区"）之后撰写了《东江之旅》，却通篇只字未提"客家"。也就是说，生活在中国大陆的极少数日本人在浙江畲族聚集地邂逅了"客家"，却不知道真正的客家大本营其实在粤闽赣三省交界处，更不清楚他们与台湾"广东人"的联系。

　　台湾岛内的起义逐渐平息后，日本殖民当局于 1905 年到 1944 年间在中国台湾进行了近 10 次大规模的"国势调查"②。在历次调查（包括之前2 次专门针对全岛的临时调查）中，台湾的客家人始终以"粤人""广东人"的标签被登记在册。换言之，在长达半世纪之久的殖民统治时期，对于中国台湾岛内的客家人，日本政府一贯只是笼统地知道他们是来自广东的"汉人"，和来自福建的"闽人"有所不同，亦有别于"生番""熟

----

　　①　成立于 1901 年 5 月 26 日，是东亚同文会在上海徐家汇创设的，主要面向日本人的高等教育机构，也是日本最早在海外创设的学校。过去日本驻华使领馆的工作人员以及特务人员，大半出身于此。1939 年升格为"东亚同文书院大学"。1945 年因日本战败而倒闭。后在日本本土发展为"爱知大学"。

　　②　日本所谓的"国势调查"即全国户籍和人口普查，但 1926 年实施的是名为"物资的国势调查"的商业调查。详见廖赤阳：《台湾总督府户口、国势调查与台湾客家》，《客家文博》2014年第 1 期，第 80－81 页。

番"。在名称上，虽然日本政府留意到"闽人"对"粤人"有"Keh Lang"这样的他称，但丝毫不影响他们对"客人就是广东人"的判断。因而，1919 年由日本殖民当局编纂、出版的《粤语集成》实际上是一部台湾客语的词典。

1926 年，曾受聘于京师大学堂（北京大学前身）的日本教育学家、哲学家服部宇之吉撰文称："客家（西人拼为 Hakka，随粤语发音）乃广东之一类居民。民国以前身家不清白，卑贱者也。此民始终生活于水上船中，几不登陆，来历不明，疑似古代移民至广东者。"[1] 服部宇之吉的观点是否为原创笔者不得而知，但可以肯定的是，20 世纪初期中国社会上此起彼伏的，将客家"污名化"的言论多少对他造成了影响。

1927 年，日本外务省情报部编纂了《中国民族史》，大略提及客家，认为客家是一个方言共同体。[2] 1929 年，外务省通过进一步的调查结果核实："客人定居在以嘉应州为中心，与闽、赣两省交界的粤东北山区。当地交通不便，居民出入（海外）必须经过汕头。客人在南洋新客中占第四位，以其分布来看，在海峡殖民地马来联邦及菲律宾联邦地区次于广东人和福建人，在荷属东印度各地亦有散在。"[3]

1928 年，日本民俗学家、人类学家伊能嘉矩在《台湾文化史》中说台湾的"客人"或"客家"是来自广东惠州府、潮州府以及嘉应州的汉人移民，客语是隶属于粤语的下位方言。

综上所述，自 1877 年到 20 世纪 20 年代末的 50 多年间，只有少部分日本本土之外（主要是常驻中国大陆、台湾以及东南亚诸国）的官方人员和高级知识分子知道"客人"，他们对"客家"的意象模糊不清，而且众说纷纭、褒贬不一：有认为客家是福建人的，也有认为客家是广东人、客语是粤语下位方言的，还有把畲族当成客家，将客家与疍民混为一谈的。

---

① ［日］服部宇之吉：《中国的国民性与思想》，东京：京文社，1926 年，第 23 页。

② ［日］日本外务省情报部编：《中国民族史》，内部发行，1927 年，第 331 页。

③ ［日］日本外务省通商局编：《华侨研究》，内部发行，1929 年，第 89 页。

值得注意的是，此阶段日本有关客家的著述大半出自台湾，这表明日本知道、了解客家，最初是出于更好地殖民统治台湾的需要。而同一时期中国大陆的客家著述，多半是旅游笔记和一般猎奇性质的书刊，与政治不一定存在必然联系。

第三节　清晰认知阶段（20 世纪 30—40 年代中期）

20 世纪 30 年代以后，日本帝国主义加紧了全面侵略中国的步伐。面对亡国灭种的危机，成千上万的客家子弟义无反顾、前仆后继地投身抗日救国的革命事业。英勇善战、不屈不挠的客家儿女在给予日军沉重打击的同时，也迫使其对客家人刮目相看。

1930 年，山口县造在《东洋》杂志上发表了一篇题为"客家与中国革命"的文章。这篇文章介绍了客家人在中国境内的分布情况，纠正了服部宇之吉等人将客家和疍民混为一谈的谬论，[①] 同时指出客家人在中国近现代革命史上发挥了重要作用，并对活跃在国共两党内的客家政治、军事人物的未来影响力进行了评估。饭岛典子指出，山口县造的观点不仅在当时令人耳目一新，而且对后世日本学者正面评价客家产生了深远影响。

与战争无直接关系的是，同一年，籍贯中国台湾的客家人彭阿木[②]在上海东亚同文书院主办的日文杂志上发表了《客家之研究》。这篇文章介绍了客语的方言分布以及客家人的生活状况，特别提到了当时客家人遭受

①　［日］山口县造：《客家与中国革命》，《东洋》1930 年第 33 期，第 75 页。
②　彭盛木（阿木），男，台湾省苗栗县客家人。任东亚同文书院（设在上海徐家汇，过去日本驻华使领馆的人员以及特务工作人员，大半出身于此）教授期间，曾多次在日文杂志上登载介绍客家文化的文章，《客家之研究》便是其中之一，彭阿木还有另一重身份，就是国民党军统人员。1939 年底，他接到戴笠的密令，打入汪伪政府内部从事情报工作。通过上海帮会首领徐朗西的关系，投到周佛海门下。1940 年 3 月 30 日汪伪政府成立后，彭阿木因精通日语，出任财政部参事，兼任周佛海的日语翻译。乘职务之便，广泛结交汪伪政府的军政要员，获取各种情报，秘密传递给重庆国民政府。1942 年 1 月初，彭阿木身份暴露，不幸被捕。出狱后不久即离世。

的"污名化"境遇，为客家人鸣不平称：作为从北方南下的中原汉族后裔，竟然"一路遭受原住民的歧视，反被看做非汉族的蛮种"。文章特别强调，粤东客家和粤西客家在语言和风俗习惯方面存在一定差异，客家文化并不是绝对均一、同质的。罗香林在《客家研究导论》中评价彭阿木的《客家之研究》是"颇足引起日本对于客家问题的重视，算是一篇重要的文章"①。饭岛典子也赞赏说："直至今日，有关客家人如何勤勉、受教育程度如何高等千篇一律的赞歌依旧不绝于耳，而在客家研究的初期阶段，虽然只是触及语言，彭阿木已能指出客家社会内部的文化多样性，着实难能可贵、值得肯定。"②

　　1932年1月28日，淞沪抗战爆发。日本军国主义者发现驻上海的中国十九路军基本上都由客家人组成，遂下定决心着手对客家进行特别调查。同年12月，很快将调查报告汇编成一本约30页的书册，题曰《广东客家民族研究》。作为历史上首部由日本官方（驻粤日本总领事馆）组织编纂的"客家"专题书册，此书首先肯定客家人是来自古代中原地区的汉族后裔，指出十九路军顽强的抗日思想源于客家族群天生强烈的民族自尊心和传统的排外精神。笔者认为，《广东客家民族研究》的问世至少说明两个问题：一是客家作为一个民系被日本侵略者提升到"民族"的高度认识并专门组织人员进行调查，反映了客家儿女在抗日战争中的突出贡献；二是从某种意义上说，被列强"正视"、受到如此程度的关注，也是客家人在身份上取得"成功"的一个标志。值得留意的是，《广东客家民族研究》的问世时间早于罗香林的《客家研究导论》，说明日本官方从一开始就认为客家人是汉族。

　　1938年10月下旬，日军侵占了广州，日本国内对广东历史人文的兴趣一时间高涨了起来。此时，"岭南通"、医药商森岳阳（本名森清太郎）

---

① 罗香林：《客家研究导论》，台北：南天书局，1992年，第8页。
② ［日］饭岛典子著，罗鑫译：《近代客家社会的形成：在"他称"与"自称"之间》，广州：暨南大学出版社，2015年，第4页。

在《东京日日新闻》上投稿《话说岭南（一）》，介绍说："华侨大抵来自腹地，当中有不少为客族……称客族或客家的人群是集族而非什么奇怪的种族，他们从华中迁自广东，因到达时间较晚而有此名称。即是说，先入境定居者为地主，后来者被称为客家或客人。"① 翌年，应杂志《兵队》② 第 7 号（1939 年 9 月 1 日发行）专栏"南支之栞"的邀请，森岳阳又撰文《客族（客家、客人）》，专门介绍"客族"的历史文化。

1942 年，罗香林《客家研究导论》的首部日译本由吉村商会在台北出版发行。译者有元刚显然也是充分意识到了客家人（包括东南亚的客籍华侨）在抗日战争中所扮演的重要角色。尽管他的译本错谬百出，而且在翻译的时候刻意回避了不利于日本军国主义的内容，但还是为日本人认识客家提出了重要的参考。同一年，持田利贞的《客家民族研究》在日本"南支调查会"主办的《南方》杂志上连载 4 期，为日军提供参考。

综上所述，本阶段日本人对客家的意象逐渐清晰，特别重要的一个变化是官方的介入，且其对客家的了解不再单纯依赖于在华欧美基督教传教士、驻华日本人以及中国本土文人的著述，而是直接组织人员进行专门的调查。不可否认，这一阶段日本人调查客家主要是出于为侵华战争服务的目的（一是想更好地对付"客家兵团"，二是惧怕客家人的团结精神会感染其他中国人），而客家人的积极抗日无疑又加深了客家在日本人心目中"特殊"的意象。

---

① ［日］企画院编：《华侨研究》，东京：松山房，1939 年，第 25 页。［日］森岳阳：《话说岭南（一）》，《东京日日新闻》，1938 年 10 月 14 日。

② 《兵队》创刊于 1939 年 5 月，是由侵华日军"南支派遣军报道部"操持的军方杂志，1944 年 2 月停刊，合计 36 期。"南支之栞"是《兵队》杂志下设的一个专栏，专门登文介绍广东的风土人情、历史文化。如第一期登载的是池田享有关疍民的介绍，第四期的是同一作者的《海南岛黎族的奇俗》。森岳阳的《客族（客家、客人）》是该专栏的第七篇系列文章。

第四节　深入了解阶段（20 世纪 50—80 年代）

1945 年，第二次世界大战结束，日本投降。伴随军国主义的解体，日本的学术界获得了自由，对客家的关心和研究不再带有明显的政治目的，在语言学、历史学、民族学①、文化人类学②、民俗学③等诸多领域都结出了丰硕的研究成果。

语言学的代表学者是桥本万太郎。1973 年，桥本客语研究的经典之作《客家方言——语音、语法及词汇的语言学研究》（*The Hakka Dialect—A Linguistic Study of Phonology，Syntax and Lexicon*）由剑桥大学出版社正式出版，此书是世界上首部用英文撰写的客语学术专著，堪称客家研究史上的一座丰碑。桥本万太郎认为，现代汉语可大致划分为五大方言，分别是：①以北京话为代表的北方话；②以苏州话、上海话为代表的吴语；③以福州话、厦门话为代表的闽语；④以梅县话为代表的客语；⑤以广府话为代表的粤语。这五大方言中，最能反映中古汉语原貌、真正代表中原古韵的只有客语。桥本还强调，以往这一论断要么只是个人的主观信念，要么只是历史学者根据族谱等资料所作出的臆测，缺乏科学依据。而他经过二十多年的潜心研究，通过语言学的科学方法证明这一论断是正确的。④ 笔者认为，作为语言学的泰斗公开发表此结论，无疑增强了客家人"系出中原"的自信，同时也为日后构建客家意象的日本学者提供了学术依据。

---

① 民族学研究的代表是牧野巽。不过，牧野巽并没有以"客家"为研究主题，他的专长是研究华人的家庭、宗族构造，曾提出著名的"祖先同乡传说"。

② 文化人类学的华人代表是周达生（日本华侨），代表作有《客家文化考》；日本学者代表是末成道男。

③ 民俗学的代表是植松明石和渡边欣雄，由于年代的关系，两人均以台湾客家文化为研究对象。

④ ［日］桥本万太郎：《客语的源流》，［日］中川学编：《客家论的现代构图》，东京：财团法人亚细亚政经学会，1980 年。

历史学的代表人物是中川学。他于 1980 年 3 月推出了内部资料《客家论的现代构图》。它由两大部分组成：前半部分是中川学撰写的《中国客家人的政治经济史形象》，他运用日本社会经济史学的研究方法，对罗香林的部分观点质疑并进行解构，指出"真实""事实"与"现实"的区别与联系。但与此同时，中川学也将客家视为固定的族群，将客家人、客家文化与晚清以来中国历史上的数次重大事件联系在一起，为后世构建客家意象提供了空间。《客家论的现代构图》后半部分是资料汇编，收录了桥本万太郎、戴国辉、林耕等人的文章，以及世界客属会馆资料、"二战"以前的东南亚客家人口统计数据等。

深入了解阶段的 30 多年间恰好也是日本客属社团蓬勃发展的时期，其标志性事件有 1963 年东京崇正公会、1969 年日本崇正总会的成立，以及 1980 年第 5 届世界客属恳亲大会在东京的成功举办。在日客侨与客属社团（主要由台湾客家人组成）的存在，也是日本客家意象形塑的一个重要因素，尤其值得关注的是他们与日本学术界之间的交流与互动。

综上所述，日本人对客家的关心非但没有因为"二战"的结束而画上终止符，反而在学术领域尤其是语言学与历史学方面取得不凡的成就。这一时期，客家研究在中国内地（大陆）陷于停滞状态，在香港、台湾虽得以延续但谈不上有质的突破，因而日本学者的填白与深化显得尤为重要。

第五节 建构与解构并进阶段（20 世纪 90 年代至今）

步入 20 世纪 90 年代，随着大众传媒的兴起，客家印象开始在日本国民中快速传播。传播的首要媒介是图书，其背后推手是以高木桂藏、绪方

修、甘粕正、根津清、松本一男①、矢吹晋、藤野彰、藤村久雄②等为代表的一批新闻媒体记者或者商人出身的学者，他们的客家著述相当一部分内容来自亲身经历，图文并茂、通俗易懂，备受欢迎。

具体而言，1991 年 6 月，高木桂藏"客家三部曲"之一的《客家——中国国内的异邦人》以"现代新书"的形式由讲谈社出版发行后，在不到 4 年的时间内便重印 11 次，总计销售 20 万册以上，获得"日本文艺大奖"，引起 NHK 电视台的关注，要求专门就"客家"制作特别的节目。③ 2013 年 5 月，该书实现电子化，在电子书市场上也是人气不减，现在日本亚马逊的网上书城搜索"客家"，发现此书依然排在畅销榜的第一行，而且书评甚多。④ 虽然读者们的感想不一，但大都表示正是通过此书知道了客家。1994 年 8 月，《明客家者知亚洲——逆境中的回天之术》由光文社出版发行。1995 年 4 月，《客家的铁则——确保人生成功的"仲""业""血""财""生"的奥秘》由护摩书房（音译）出版发行。与"第一部曲"一样，后两部也是非常热销，其中《客家的铁则——确保人生成功的"仲""业""血""财""生"的奥秘》还在 2005 年改换封面和出版公司重新上架。可以说，是高木桂藏在 20 世纪 90 年代的日本掀起了"客家热"，正是由于他的巧妙宣传，"客家是东方的犹太人""客家是优秀的族群"等意象在日本读者中流行。

第二位重要人物是绪方修。他立足于冲绳与客家地区之间存在诸多相似文化（如"二次葬"、风水观念、汉字发音等）的事实，专门探讨客家

---

① 其著作有：［日］松本一男：《客家力量 撼动中国和东南亚》，东京：Simul 出版会，1995 年。

② 1996 年，藤村久雄通过中公新书翻译、出版了林浩的《客家的原像：掌握 21 世纪亚洲的关键》。发行仅 2 个月的时间，就再次印刷。

③ 根据高木桂藏演讲实录，［日］绪方修：《客家见闻录》，东京：现代书店，1998 年，第 164 页。

④ https：//www. amazon. co. jp/客家-中国の内なる異邦人-講談社現代新書-高木桂藏-ebook/dp/B00CU8JRTU？ie＝UTF8&keywords＝客家&qid＝1464318322&ref_＝s r_1_3&sr＝8－3，2016 年 5 月 30 日检索。

人与琉球王国的关系。实际上，绪方修对琉球与客家文化的研究不仅限于著书立说①，更付诸实践，在日本社会形成了一定影响。20 世纪 90 年代中后期，在他和众人的努力下，冲绳先后举办了"'琉球王国与客家'国际学术研讨会"及"冲绳申办世界客属大会研讨促进会"。参加这两次大会的不仅有高木桂藏、林浩等客家研究专家，还有日本客属社团的代表、冲绳的政府官员以及著名文化人士。在绪方修等人的倡议下，当时的冲绳政府甚至考虑在那霸"福州园"的旁边建立一幢占地面积约 6 600 平方米的客家土楼。② 除此之外，绪方修还数次亲自参加世界客属恳亲大会，为日本与客家的文化交流牵线搭桥。

甘粕正则是继高木桂藏之后的又一位客家系列畅销书的作者，他的另一个身份是实业家兼企业顾问。其著作有：《客家大富豪的 18 句箴言》（讲谈社，2007 年），《客家大富豪的教导——学习"18 句箴言"、把握真正的幸福》（PHP 研究所，2011 年），《向客家大富豪学习 TAO——为了永远幸福的 18 个法则》（升龙社，2013 年），可谓"18 箴言三部曲"。甘粕正将他自己在事业低谷之际意外邂逅一个客家老人的故事，与老人所传授的"客商 18 箴言"巧妙地融合在一起，通过写实文学的形式宣扬客商精神和客家文化，受到许多读者的欢迎，进一步促进了"客家"在日本国民中的传播。例如，2009 年 4 月，日本文化名人、犹太问题研究学者宇野正美在兵库县开演讲会，其所宣讲的一部分内容正是甘粕正总结的"客商 18 箴言"，他甚至向听众表示，客家人不是汉族，而是很久以前从西方通过丝绸之路来到中国南方的犹太人。详见下一节的介绍。

以上客家著述的作者可以合称为"高木派"，他们所塑造的客家意象都是：客家是源自古代中原的纯种汉族子孙，因为战乱历经迁徙来到华南。近代以来客家人才辈出，改写了中国乃至东亚的命运，客家人勤劳、

---

① 其著作有：［日］绪方修：《客家见闻录》，东京：现代书店，1998 年；［日］绪方修：《世界客家大会》，东京：现代书店，2002 年。

② ［日］绪方修：《客家见闻录》，东京：现代书店，1998 年，第 204 页。

善良、聪明，是"东方的犹太人"，堪称"最强的华侨集团"。

由于"高木派"的不少客家论点基于本质主义的立场，有将客家人、客家文化虚大化、一体化的嫌疑，因而受到了不少学院派学者的批判，有的甚至认为他们的研究还不如 20 世纪三四十年代的水平，是一种历史的倒退。①

然而，笔者认为，不能仅从学术角度去衡量"高木派"的价值。应当看到的是，"客家"能在日本国民中具有一定的知名度，首先就是高木桂藏、绪方修、甘粕正等人的功劳。如果没有他们的积极宣传与缜密构建，学院派甚至连解构的意义都没有。更何况，也不能想当然地认为"高木派"的著作没有学术价值，如矢吹晋、藤野彰的合著就是学术含金量不低的一部。顺便一提，矢吹晋本人与罗香林、桥本万太郎等客家研究大家私交不浅，他在著作中将中日两国的客家学研究成果，特别是濑川昌久与谢重光的观点联系起来介绍、分析，一度引起了日本学术界的关注。②

20 世纪 90 年代，日本也涌现了以濑川昌久、饭岛典子、大岛广美、河合洋尚、小林宏至、金裕美（韩裔日本人）、田上智宜等为代表的一批学院派学者。他们站在学术的角度，通过长时间、跨区域的田野调查对刻板化的客家意象进行全方位的解构与分析，为日本人认识客家提供了更多更为全面而理性的参考。有关学院派客家研究学者的基本情况和学术著作，河合洋尚、廖赤阳等人已在不同场合作过充分的介绍，而且有些已经被译成中文在中国出版发行，不在此赘述。应当指出，学院派的学术贡献无疑是重大的，但就客家意象在日本民间的形塑而言，其影响力不及"高木派"。这是因为，学术著作本身较为枯燥乏味，而且要求一定的专业素养，很难吸引一般读者和媒体人的注意。而"高木派"非但著作本身有很

① ［日］饭岛典子、［日］河合洋尚：《日本客家研究的轨迹——从日本时代的台湾调查到后现代主义视角》，《全球客家研究》2013 年第 1 期，第 137 页。
② ［日］星野丽子：《日本新闻工作出身学者眼中的"客家"形象——评〈客家与中国革命"多元的国家"〉的观点》，《客家研究辑刊》2012 年第 1 期，第 132 - 135 页。

强的吸引力，加上借由知名甚至权威出版社出版，且作者大都出身新闻记者的缘故，其观点很容易在民众中得以传播。

此外，如前一章所言及的，2004 年 7 月，日本著名教育学家钟清汉在东京创办了"日本国际客家文化协会"。该协会是台湾客家人和日本人共同运营的一个学术团体，不定期地举办学术研讨会，每隔 1～2 年出版一期多语言学术刊物《客家与多元文化》，为中日两国的客家学者（不论派别）提供交流与合作的平台，该协会及其刊物的存在也影响了日本客家意象的形塑。

当然，真正让普通日本人了解客家文化的，还是新闻媒体的报道。如前所述，2008 年以后，日本各界尤其是新闻媒体因为福建土楼而对客家文化产生了新一轮的热情。先是 NHK 播出《世界遗产 100·福建省的土楼群》的专题节目，紧接着冈田健太郎的《客家圆楼》再版，① 再就是茂木计一郎、片山和俊、木寺安彦的《孙中山、邓小平的源头所在——客家民居的世界》初版问世。2009 年 3 月 8 日，TBS 电视台"世界遗产系列节目"《福建土楼》播出。2010 年 6 月，TBS 电视台"世界奇异大发现"栏目组赴福建永定土楼制作节目。2010 年 1 月 30 日，《朝日新闻》登载了记者外冈秀俊对客家建筑土楼和围龙屋的报道。可以说，权威媒体的积极介入与正面报道大幅提升了客家在日本民间的知名度，而为媒体提供学术支持的几乎都是"高木派"的学者。

综上所述，笔者认为，日本人的客家认知或者说日本客家意象的形塑，始终与中日关系、东亚形势的发展变化密切相关。在"二战"以前，日本人了解客家，更多是出于殖民统治、侵略战争的需要；"二战"结束以后一直到 20 世纪 90 年代以前，日本人研究客家，不再受到政治的束缚，不但在当时取得了丰硕的研究成果，更对后世产生了深远的影响（无论是"高木派"还是学院派）；20 世纪 90 年代以后，客家意象开始在日本民间

----

① 由东京的旅行人有限公司初版于 2000 年。

流行，逐渐成为一种精神符号甚至是智慧的象征，再到后来，"客家"又成为与实际经济、政治利益挂钩的文化资源。

20世纪90年代以后，随着东亚经济尤其是"亚洲四小龙"的崛起和中国改革开放的深入发展，有关客家人掌握亚洲命脉的言论在日本出现。而随着广播电视乃至互联网的普及，由"高木派"学者塑造的客家意象逐渐在日本国民中传播。

应当说，客家文化不仅需要解构，更需要构建。构建并不代表凭空捏造，解构也不等同于客观。① 任何文化，如果只剩下解构价值的话，那么无疑已是一潭死水，注定后继无人。适当的建构，对客家文化的传承与发展而言是必要的，也是无可非议的。日本"高木派"学者建构的客家意象，虽然存在种种不足与争议，但是为客家文化在日本的传播奠定了良好的基础，应当对其予以客观公正的评价。

接下来，我们将通过部分"高木派"学者的演讲及著作，来进一步了解日本知识　　眼中的客家人。

第六节　从"18句箴言"到"东洋的犹太人"

2009年4月12日，演讲家宇野正美在兵库县筱山丹波田园交响大厅举行了一场盛大的、主题为"世界大恐慌的风暴·中国之谜·向客家人学习"的大型演讲会。会上，宇野正美向与会者重点介绍了在日本社会流传甚广的、出自"客家华侨"的18句"老古言语"，它们分别是：

1. 運は親切をした相手の背中から来る（运气从你对他好的人身

---

① 例如，有的解构主义学者认为土楼不是客家文化，因为在一些地方有不少非客家的人群也世代居住在土楼内。在笔者看来，这就好比看到日本也使用汉字，便认为汉字不是中国文化的观点一样。

后来)。

2. 許すことを知れば運命は変えられる（命运的改变从宽恕开始)。

3. 退却は重要な才能なり（退让是重要的才能)。

4. 何を始めるかに最も時間を費やすべし（最应该花时间考虑的问题是应该从何开始)。

5. ビジネスには大義名分が必要なり（做生意需要名正言顺)。

6. 準備していなかったチャンスはリスク（没有准备的机会就是风险)。

7. 小さい約束こそが重要なり（正因为是小小的约定，所以才重要)。

8. 家族を蔑ろにする者は成功せず（不重视家庭的人不会取得成功)。

9. お金に使われず、お金を働かせるべし（不要为金钱所驱使，而要让金钱发挥作用)。

10. 五十人の仲間が成功の核心となる（有五十个志同道合的伙伴就有了成功的核心)。

11. 金鉱ではスコップを売るべし（在金矿，卖铲子)。

12. 安売りには必ず終わりがやって来る（贱卖终有时)。

13. 嫉妬は成功の敵、愛嬌は成功の素（嫉妒是成功的敌人，亲和是成功的源头)。

14. 物事は因数分解して考えよ（用因数分解的方法思考万事万物)。

15. 汗ではなく考えることこそが富を生む（财富源于思考，而非汗水)。

16. 笑顔はコストゼロの最良戦略（笑脸是零成本的最佳战略)。

17. 「ありがとう」は必ず声に出すべし（"谢谢"一定要大声说出来)。

18. 欲望に忠実になるためにこそ禁欲的に（正因为忠实于欲望，所以才选择禁欲)。

以上 18 句客侨"老古言语"又被日本媒体称作客家大富豪的"18 句箴言"或"18 金句",实则并非直接出自客家华侨之口,而是出自日本实业家兼知名企业顾问、文化人甘粕正先生的三部代表作(详见前一节内容),合称客家华侨"18 箴言三部曲"。作者甘粕正通过写实文学的形式宣扬客商精神和客家文化,受到读者的欢迎,在一定程度上加速了"客侨文化"在日本社会的传播。

如前一节所述,除甘粕正外,还有根津清、高木桂藏、绪方修、松本一男、矢吹晋、藤野彰、藤村久雄等多位媒体人出身的学者或者说文化人,他们合称为"高木派"。该派人物自 20 世纪 90 年代以来,借由大众传媒的手段,尤其是通过出版图书和制作电视节目的方式,在日本不断宣扬客家文化和客籍华人华侨的杰出事迹,提升了客家在日本社会的知名度,并且成功地在日本民众心目中确立了客家人的两大基本标签,那就是"最强的华侨集团"和"东洋的犹太人"。那么,这两个标签是如何在日本确立,它们又是如何传播开来的呢?以下我们通过介绍并点评根津清代表作的方式来对此问题作出解答。

根津清先生是"高木派"的杰出代表人物,他是较早提出"客家是最强的华侨集团"观点的人,其代表作是《客家——最强的华侨集团 根源·力量·关系网的秘密》(以下简称《最强的华侨集团》)——1994 年11 月,日本钻石出版社出版了这本书。

出生于长野县上田市的根津清人生履历丰富,自神奈川大学毕业后即远赴以色列特拉维夫亚非研究所留学,学成之后转渡英国伦敦,到《读卖新闻》欧洲总局挂职。1973 年,根津清被调往位于新加坡的《读卖新闻》亚洲总局工作。1979 年到 1984 年期间,转任《报知新闻》记者。《最强的华侨集团》问世之际,根津清任新加坡 *PANA Times* 杂志的总编。

《最强的华侨集团》是根津清在 1994 年 3 月陪同马来西亚籍客侨杨佐聪一家返回广东省梅州市大埔县西河镇下北塘村老家省亲时,在当地生活体验一小段时间后写成的一本书,其目的是探讨客家的源流、社会关系网以及华侨与东南亚社会的联系等问题，同时试图明确客籍华侨华人与犹太人之间潜在的某种深层次的共性。

包括序章在内，《最强的华侨集团》共由六章构成。在序章中，根津清介绍了他自意大利到新加坡的"客家认知史"。随着年岁的增长，根津清对客家人和客家文化的兴趣日趋浓厚。渐渐地，就像当年为了弄清犹太人的源流而远赴以色列一样，根津清萌生了到"客家世界的麦加"——客都梅州去的想法。与此同时，他愈发认为，客家人和犹太人之间，一定存在着某种共通的文化基因。

1994 年 3 月，根津清终于有了访问梅州的机会。客家究竟意味着什么？客家华侨华人又有怎样的特征？客家文化到底是怎样的？带着这些疑问，根津清踏上了客都的土地。

根津清在《最强的华侨集团》第一章中提出，客家是华人的五大分支之一，定居海外的客家人是最强的华侨群体，为了便于日本读者更好地理解概念相对生疏的客家，他先从大众熟知的华侨史说起，以及华侨的精神和处世术。此外，根津清还对华侨为所在国家和地区所作出的贡献给予高度赞赏。

第二章是《最强的华侨集团》的重点章节，也是根津清对客家介绍最微观、最具体的一部分。这一章的主人翁是一个生于马来西亚、祖籍中国广东省大埔县西河镇北塘村的客家人，名字叫作杨佐聪。根津清正是在杨佐聪的邀请下来的梅州，同行的还有南洋杨氏家族的其他成员，一共八个人。

入境后，根津清一行受到了热烈的欢迎和隆重的招待。客家人的热情好客和体贴周到，让根津清赞叹不已。更令根津清印象深刻的是杨氏家族"下南洋"的奋斗史和崇先敬祖的儒家文化。

济美楼是杨佐聪的祖屋，其建造者是杨佐聪的祖父杨辉光。杨辉光 20来岁时不顾家长的强烈反对，为谋生计，只身下南洋，孰料因水土不服、身体欠佳而折返。养好病后，杨辉光不气馁，依旧选择再下南洋闯荡，从

在当铺打工开始，渐渐在南洋站稳了脚跟，并在 30 岁那年成家，在当地育有三子。根津清认为，杨辉光身上有着客家人的优良品质——坚毅、正直、勤俭，而这些都是他最终获得成功的根本原因。

追本溯源，杨氏其实是在距今约 800 年前从中原南迁而来的华族后裔，其开基祖是杨四十一郎，传至杨佐聪时已是第 19 世。《杨氏族谱》有载曰：

可俊得时习世常，辉邦佐国展忠良。

清怀善继成仁让，志庆垂延忆载芳。

对此，根津清特别强调说，正因为客家人有过充满苦难的迁移、奋斗史以及祖先崇拜的精神，才使得他们分外地团结，最终在海外成为"最强的华侨华人集团"。

客都之旅行将结束之际，当时的大埔县西河镇政府以及归国华侨联合会的领导专门设宴招待了根津清一行。作为"还礼"，根津清也随杨佐聪一道捐款给下北塘村。当地村镇干部们对这个热爱客家的日本人表现出极大的热情，纷纷希望根津清能把他在西河镇看到的客家文化如实地向更多的日本友人传达，好让更多人了解客家文化。要之，根津清通过第二章向日本读者树立了一个具体而独特的客家意象，让人感觉客家从衣食住行到性格质量都是与众不同的。与此同时，他也指出了客家文化的可变性。

如果说第二章是"微观客家"的话，那么接下来的第三章就是"宏观客家"了。根津清在这章把视点从中国大陆转向海外，通过华侨社团来展现客家人的"特殊性"。因为只有"客家帮"是不受地域限制的，这与"广东帮""福建帮""潮州帮""海南帮"等形成对比。不仅如此，客家人还是海外最富有弹性的一类华侨，因为他们除了"客家"外，还会各自主动团结自己所在地的多数派——如广东的客家人会联合广府人，而福建的客家人则会联合闽南人。总之，根津清对海外客家人的组织多而灵活，以及他们聪明而语言天赋高等优点给予了充分的肯定，还特别提到说大埔籍华侨在吉隆坡有极大的影响力。

有了以上的铺垫，根津清在第三章重点介绍了新加坡的开国之父——客家人李光耀（新加坡当时的另一位领导人吴作栋也被认为是客家人）的事迹。根津清把李光耀个人乃至国家的成功归结为客家优良的传统以及精神文化，从而最终引出本章的核心一节即"客家再考"。在对客家人的再度考察中，根津清再次提到了客家人的由来和其下南洋的辛酸史，特别强调了客家强烈的"中华正统意识"。

第四章则可谓《最强的华侨集团》的亮点。如前所述，根津清认为客家人和犹太人之间存在某种共通的文化基因。具体而言，客家人和犹太人同样是外来族群而且遭受苦难，虽然原因不同，但是两个族群在漫长的历史长河中都经历过好几次悲惨而颠沛流离的生活。正因为如此，他们才都分外团结，尤其是他们的同族意识都格外强烈，不会轻易被人同化，始终坚守自己的传统，特别热心教育，即使在异常艰难的环境下也对自身的身世、文化引以为傲。两者无不富于坚忍卓绝的奋斗精神，努力在异国他乡打拼，尤以擅长经商而闻名遐迩。此外，客家人和犹太人一样遍布全球，所不同的只是比例问题——客家人多半留在国内而犹太人多半分散在世界各地。总之，客家人尽管身为少数派，却给世界带来极大的改变，只是一个在东方，一个在西方。

根津清在最后一章论述了华侨与东南亚之间的关系，并分别介绍华侨在新加坡、泰国、马来西亚和印度尼西亚等国的不同境遇，紧接着就介绍马来西亚的郭鹤年、菲律宾的吴奕辉、印度尼西亚的蔡云辉、中国台湾的王永庆和中国香港的李嘉诚等杰出华商的发家事迹。

在该章的最后，根津清再次回归主题、重新聚焦客家，试图从"名人辈出"的角度来支撑他的"客家文化特殊论"和"客家族群优越论"。明显可以看出，根津清的"客家名人观"是和同时代中国内地及港台地区流行的看法遥相呼应的，他还特别选择那些普通日本知识分子所熟知的中国

033

名人来论证这点，例如他在本章的最后强调王阳明、孙中山、洪秀全等都是客家人。

通过以上对《最强的华侨集团》的大体介绍，我们可以用以下五点来概括根津清的客家观或者说"高木派"的学者们所宣扬的客家意象：①客家人系中原正统后裔；②客家历史悠久，文化传统千年不变；③客家的文化十分特殊；④客家族群相当优秀；⑤客家文化是中华文明之精华，客家人是华人中的精英、华侨中的翘楚。

通读下来，笔者认为《最强的华侨集团》对客家文化、客家人的描述是非常生动形象的，行文也十分流畅，流传甚广，对日本读者意识中的客家华侨形象的塑造造成了不小的影响。顺便一提，根津清的这部著作在1995 年被陈昭分译成中文（译作《客家：最强的华侨集团　血缘·权力·团结的秘密》），由丝路出版社出版，感兴趣的朋友可以找来一读。

综上所述，客家人"最强的华侨集团"和"东洋的犹太人"这两大印象之所以能在日本确立，很大程度上要归功于像根津清这样的"高木派"学者或媒体人的宣扬，他们宣扬客家文化的形式多种多样，从著书立说到亲自上电视节目、上台演讲，精彩纷呈。客家文化正是借由他们的推动和日本广播电视传媒、互联网的交相呼应，得到了广泛的传播。尽管这些文化人所塑造的客家华侨华人印象、所理解的客家文化或多或少存在主观的因素，但不失为客家文化走出去，成为连接原乡本土与日本、东南亚乃至东亚其他国家和地区的重要纽带。

第三章　日本的客家研究

第一节　日本客家研究的嚆矢与展开

前面两章讲到，甲午战争过后，日本通过《马关条约》侵占了我国宝岛台湾。当时，岛内已经有不少客家人定居。出于殖民统治的需要，日本殖民当局亟须把握台湾的社会动态及历史文化，一方面不断派人深入岛内各地进行实地调查，另一方面积极借助海外力量获取台湾方面的有用信息。

在此时代背景下，1895 年，八尾新助出版了《台湾志》，里面有涉及客家人的内容（详见第二章第二节内容）；1898 年，吉国藤吉翻译出版了东京大学德籍历史学教授路德维希·赖斯（Ludwig Riess）的 *Geschichte der Insel Formosa*《台湾岛史》——该书第三章为"客家人来台始末（1368—1600）"。从广义而言，以上两部著作，可谓近代日本客家研究之嚆矢。

换言之，日本人最早着手研究客家，是从 19 世纪末的中国台湾开始的。然而，贯穿大半个殖民统治时期（19 世纪 90 年代末—20 世纪 30 年代中期），"客家"的概念并没有为日本帝国主义当局所准确地认知。如前几章节所言，日本帝国主义当局一直误认为客家是生活在浙江省丽水一带的畲族人，同时笼统地用省籍将台湾岛内的闽南人和客家人一刀切。在他们看来，既然闽南人就是福建人，那么客家人无疑都是广东人。因而，日据

时期的客家研究，几乎都冠以"广东"的名称，例如 1915 年由《台湾日日新报》出版的《广东语言会话篇》（作者志波吉太郎）、1933 年由新竹州警察文库出版的《广东话研究》（作者河野登喜寿）以及 1939 年由台湾警察协会出版的《标准广东话词典》（作者菅向荣）。此外，《台湾俗话从志》也收录了"广东话（即客家话）"的内容，用假名文字记录客家话，供驻台日籍军官、警察等统治阶层日常学习和应急时使用。

由上可见，早期日本人研究客家的目的非常明显，就是为了更好地服务于殖民统治和侵华战争。特别是，日本人先后在中国各地遭遇到了客家爱国人士的激烈反抗，迫使他们不得不对客家人刮目相看，客家的概念也随着战争的深入而渐次变得清晰起来。

例如，之前也讲过，台湾乙未武装反割台起义，从幕后指挥丘逢甲到义军统领吴汤兴、徐镶、姜绍祖、邱国霖，无一不是祖籍梅州的客家人。[①] 又如前面章节所提及的，1932 年初，"一·二八"淞沪抗战爆发。日军在上海遭遇强烈抵抗，损失惨重。后经军情人员调查发现，十九路军可以说就是一支客家军，因为从团长到士兵，绝大多数成员都来自广东客属地区。有鉴于此，日本帝国主义当局火速责成驻粤总领事馆搜集有关客家人的情报，日本外务省情报部在当年年底编撰完成《广东客家民族之研究》。

同年，台湾总督府推出厚达 1 554 页的《广东语词典》，这是史上首部客家话和日语的对照词典，按照日语五十音图的顺序排列，每个日语词对应两个或两个以上的客语词（含同义词）、短语或解释说明。所收录的词汇涵盖客家人日常生活以及客家文化的方方面面。

再后来，随着侵略战争的白热化，日本人更加强烈地感受到客家的力量。特别是到卢沟桥事变之后，日本人发现，死守宝山城的姚子青、四行仓库的谢晋元等一批杰出的抗日将领，竟然又全都是祖籍梅州的客家人。

① 徐博东、黄志平：《乙未武装反割台义军统领吴汤兴、徐镶、邱国霖大陆祖籍考》，《台湾研究》2015 年第 6 期，第 88 - 94 页。

他们的奋勇抵抗，着实令日军心生敬畏。日本当局猛然意识到，自乙未（1895 年）以来在中华大地上遭遇到的激烈抵抗，基本上都与客家人有关。更令他们感到震惊的是，从海外源源不断地往中国捐钱捐物、支持抗日事业的华侨中，有一大半也是客家人。

在此时代背景下，以军方为首的日本人了解客家的需求变得迫在眉睫，相关报道、研究一时间层出不穷。可以说，延至 20 世纪 30 年代末，日本人已经对客家有了基本的认知。进入 20 世纪 40 年代以后，由于战局扭转，日方对客家的研究渐趋冷淡，最终伴随 1945 年的战败而戛然中止。

值得留意的是，日本的客家研究从一开始就不乏客家学者的参与。也就是说，不仅日本人在主动研究，也有客家人士在遥相呼应。其中最典型的当数彭阿木。如前面章节所介绍，1930 年，他在上海东亚同文书院主办的日文杂志上发表了长达 212 页的《客家之研究》，其中还有比较客家话和日语异同的内容。①

第二次世界大战结束以后，日本学术界迎来了自由的春天。客家研究以语言学为开端，率先得到了恢复，代表人物是仓石武四郎及其三位高徒，分别是：田森襄、石田武夫和桥本万太郎。仓石武四郎首先在 1946 年 12 月 22 日公开展示了《客家话及其他研究资料的解说》。田森襄则将法国巴黎外方传教会赖嘉禄（Charles Rey）神父的《客法大词典》的长篇序文翻译成为日语；石田武夫通过实验语言学的方法，研究了台湾四县方言、海陆方言的语音特征；桥本万太郎则于 1972—1973 年先后出版了《客家话基础词汇集》和 *The Hakka Dialect—A Linguistic Study of Phonology, Syntax and Lexicon*（《客家方言——语音、语法及词汇的语言学研究》）。

紧随语言学者步伐之后的是历史学者，代表人物是中川学。早在 1967 年，中川学就在《一桥论丛》上发表了《华南客家史研究序说（研究笔

---

① ［日］河合洋尚主编：《日本客家研究的视角与方法：百年的轨迹》，北京：社会科学文献出版社，2013 年，第 11 页。

记)》《唐末梁初华南的客户与客家卢氏》等有关客家历史研究的论文。①
1977 年，他主编了《客家論の現代的構図（客家论的现代构图）》②，汇聚
了一批战后日本客家研究学者的优秀论文，堪称战后日本客家研究的经典
之作。中川学著作更深远的意义在于激励了一批优秀的弟子，其中就包括
饭岛典子、蔡驎③等当代日本客家研究界的骨干。

　　20 世纪 90 年代以后，一方面，"学院派"的客家研究得到不同视角的
纵深发展，其中首屈一指的便是濑川昌久先生（详见下文介绍），其代表
作为《客家——華南漢族のエスニシティーとその境界》（《客家——华南
汉族的族群性及其边界》，东京风响社，1993 年）。另一方面，在崇正会和
高木桂藏、根津清等一批"高木派"学者的大力推动以及 NHK、TBS 等重
量级电视媒体的积极宣扬下，客家的知名度迅速攀升，其意象也在日本国
民心目中基本定型。

　　综上所述，日本的客家研究最初主要面向军、政等国家层面的决策者
和执行者，完全出于实用主义的目的。"二战"结束后，客家在日本逐渐
转向纯学术性的研究和讨论。再到后来，随着日本经济的复苏和文化产业
的兴起，"客家"又逐渐进入日本媒体的视野，变成了一种可以不断生产、
消费的异国历史文化资源。与此同时，也拉开了"高木派"与"学院派"
长期互相争论的序幕，客观上促进了"客家"在日本社会各界知名度的
提升。

---

① 周子秋：《日本客家述略》，东京：日本关东崇正会，2015 年，第 122 页。
② ［日］中川学著，赖旭贞译：《客家论的现代构图》，台北：南天书局，2022 年。
③ 蔡驎，女，1954 年 3 月生，汉族，教授、博士研究生导师。本科毕业于北京师范大学。曾在上海师范大学深造，获哲学硕士学位。后留学日本，先后在东洋大学、一桥大学进修，获硕士和博士学位。主要从事地域社会和老年社会福利研究。由于蔡驎教授较少参加国内客家学术圈内的活动，知者不多，故在此略为介绍。值得一提的是，2016 年，上海人民出版社出版了蔡驎教授在她的博士论文的基础上撰写的《流动的客家：客家的族群认同和民族认同》，在学术界引起一定的反响。顺便一提，蔡驎教授的博士论文此前已在日本修订出版过一次，日文书名为《汀江流域の地域文化と客家—漢族の多様性と一体性に関する考察》，出版单位为东京的风响社。风响社在日本主要出版有关华人社会的人类学、民族学著作，在日本学术圈内颇有名气，是一家相对权威的出版社。

第二节　日本客家研究的种类

当今的日本已然是海外客家研究的重镇。日本的客家研究日臻成熟，学术界对客家的关心有增无减，不断有新的研究成果问世。以下，笔者按照时间顺序列举部分21世纪以来在日本本土公开出版或发行的、比较有影响力的、以客家或客家历史人物为题材的著作，由之可见"客家"在日本社会各界的热度：

表3-1　21世纪日本客家题材出版物表

图书	作者	出版社	出版时间	学科类别
《客家円楼》（《客家圆楼》）	冈田健太郎	旅行人	2000年	旅游学
《洪秀全と太平天国》（《洪秀全与太平天国》）	小岛晋治	岩波书店	2001年	历史学
《世界客家大会を行く》（《世界客属大会行纪》）	绪方修	现代书馆	2002年	新闻学
《客家の女性たち》（《客家的女人们》）（译著）	钟理和、彭小妍等（著），松浦恒雄、渡边浩平等（译）	国书刊行会	2002年	文学
《太平天国にみる異文化受容》（《从太平天国看异文化接纳》）	菊池秀明	山川出版社	2003年	历史学

039

（续上表）

图书	作者	出版社	出版时间	学科类别
新版《客家の鉄則》（《客家的铁则》）	高木桂藏	护摩书房	2005 年	管理学、哲学
《汀江流域の地域文化と客家—漢族の多樣性と一体性に関する考察》（《汀江流域的地方文化与客家——有关汉族多样性与统一性的考察》）	蔡驎	风响社	2005 年	历史人类学
《近代客家社会の形成—「自称」と「他称」のはざまで》（《近代客家社会的形成——在"他称"与"自称"之间》）	岛典子	风响社	2007 年	历史学
《客家大富豪の18の金言》（《客家大富豪的 18 句箴言》）	甘粕正	讲谈社	2007 年	管理学
《"近代"前夜の詩人—黄遵憲》（《"近代"前夜的诗人——黄遵宪》）	小川恒男	广岛大学出版会	2008 年	文学
《中国伝統的な住居の空間—窑洞、客家土楼、四合院、胡同》（《中国传统住居的空间——窑洞、客家土楼、四合院、胡同》）	猪俣重喜	文艺社	2008 年	建筑学

（续上表）

图书	作者	出版社	出版时间	学科类别
《客家民居の世界―孫文、鄧小平のルーツここにあり》（《客家民居的世界——孙中山、邓小平的源流所在》）	茂木计一郎、片山和俊、木寺安彦	风土社	2008 年	建筑学
《客家語基礎語彙集》（《客家话基础词汇集》）	温戴奎	大学书林	2009 年	语言学
《客家と中国革命―「多元的国家」への視座》（《客家与中国革命——面向"多元国家"的视角》）	矢野晋、藤野彰	东方书店	2010 年	历史学
《神の子：洪秀全 その太平天国の建設と滅亡》（《"天国之子"和他的世俗王朝：洪秀全与太平天国》）	［美］史景迁著，佐藤公彦（译）	庆应义塾大学出版社	2011 年	历史学
《客家の創生と再創生―歴史と空間からの総合的再検討》（《客家的创生与再创生——从历史与空间出发的综合性再讨论》）	瀬川昌久、饭岛典子等	风响社	2012 年	文化人类学
《客家語入門（改定版）》［《客家话入门（改定版）》］	田中智子	东京外国语大学亚非语言文化研究所	2012 年	语言学

（续上表）

图书	作者	出版社	出版时间	学科类别
《客家大富豪の教え—「18の金言」に学ぶ、真の幸せをつかむ方法》（《客家大富豪的教导——学习"18句箴言"、把握真正的幸福》）	甘粕正	PHP 研究所	2013 年	管理学、哲学
《台湾海陸客家語語彙集》（《台湾海陆客家话词汇集》）	远藤雅裕	中央大学出版部	2016 年	语言学、汉语方言学
《福建省 008 客家土楼——永定、南靖、華安と「福建土楼」》（《福建省 008 客家土楼——永定、南靖、华安与"福建土楼"》）	亚洲城市导游制作委员会	城事出版会	2017 年	旅游学
《革をつくる人びと—被差別部落、客家、ムスリム、ユダヤ人たちと「革の道」》（《制革业者们——受歧视的部落、客家、穆斯林、犹太人以及"皮革之路"》）	西村祐子	解放出版社	2017 年	社会人类学
《客家：歴史・文化・イメージ》（《客家：历史、文化和意象》）	小林宏至、河合洋尚、饭岛典子	现代书馆	2019 年	文化人类学

（续上表）

图书	作者	出版社	出版时间	学科类别
《〈客家空間〉の生産—梅県における「原郷」創出の民族誌》（《"客家空间"的生产——在梅县创造"原乡"的民族志》）	河合洋尚	风响社	2020 年	文化人类学
《客家と毛沢東革命—井岡山闘争に見る「民族」問題の政治学》（《客家与毛泽东革命——从井冈山斗争所见"民族"问题的政治学》）	矢吹晋	日本评论社	2022 年	政治学
《客家エスニシティーの形成とその変遷》（《客家族群性的形成及其变迁》）	瀬川昌久	风响社	2022 年	文化人类学

　　我们可以把以上著作分为一般读物和学术专著两大类，其中一般读物可以再进一步细分为"介绍性"的和"建构性"的两种，前者以旅游学类为典型，后者以管理学类为代表；而学术专著也可以进一步细分为"描述性"的和"解构性"的，前者以语言学类为典型，后者以文化人类学类为代表。

　　具体到学科而言，当前日本客家研究的重心第一集中在文化人类学（主要围绕客家人的族群认同感、民俗文化等展开），第二是语言学（主要围绕中国台湾地区的四县方言、海陆方言进行），第三是建筑学（主要围绕福建土楼和梅州的围龙屋展开），第四是客家历史人物研究（以洪秀全、黄遵宪、孙中山、李光耀等人物研究为主），第五是管理学（主要是日本

学者结合自身的经历，讲解他们对"客商精神"的理解），第六是文学研究（如黄遵宪的诗歌、张资平的小说、钟肇政的文学作品以及台湾客家女性文学等），第七是其他学科的研究。

值得注意的是，表3-1所列举的21世纪日本客家研究的成果仅限于著作类（含单行本），并未囊括论文。事实上，除学位论文外，日本客家研究的论文主要集中发表在《客家与多元文化》、《アジア文化》（《亚洲文化》）、《アジア文化研究》（《亚洲文化研究》）这三种刊物上。根据李晓霞（2019）的统计，截至2017年12月30日，这三种刊物在CiNii数据库上所登载的客家题材的论文篇数及所占比例分别是：《客家与多元文化》凡115篇，占比27.9%；《亚洲文化》凡24篇，占比5.8%；《亚洲文化研究》凡12篇，占比2.9%。

在这当中，刊载"客家"文章数量及所占比例最大的显然是《客家与多元文化》，它是日本国际客家文化协会的会刊，创刊于2004年11月，每隔1到2年出版一期，每期设"特集""客家文化论""客家与多元文化""客家动向"等栏目，刊载中日学者用中文（繁简字皆可）或日文撰写的新闻报道、学术论文、调研报告等与客家相关的一切文章。

其次是创刊于1978年的《亚洲文化》。此刊在编配上与《客家与多元文化》并无二致，也有正式的刊号，比较明显的差异在于采用竖排右开的方式（日本的出版物大体如此），中文文章所占比例较小。

最后是《亚洲文化研究》。此刊编辑部挂靠在日本亚洲文化综合研究所之下，仅刊登用日语撰写的论文，并非纯客家学研究的学术期刊。话虽如此，基本上每隔一段时间就会登载数篇与客家相关的文章，而且置于首要的位置，如1996年6月第3号的《亚洲文化研究》的前3篇文章分别是：钟家新的《客家人の「風水」信仰についての社会学的分析》（《对客家人"风水"信仰的社会学分析》）、饭岛典子的《清代台湾开拓社会における客家人》（《清代台湾开拓社会中的客家人》）、星佳生子的《客家开埠》（《客家开埠》）。由此可见该刊对客家研究的倾向性。

　　李晓霞（2019）认为，因为《客家与多元文化》是日本国际客家文化协会的会刊，《亚洲文化研究》《亚洲文化》主要是研究亚洲文化或中国语言文化方面的刊物，所以才会刊发比较多客家研究方面的论文。实际上，这只是表面原因，根本原因在于以上几种刊物都是由同一个人主办的，这个人便是日本著名的华人教育家、积极弘扬客家文化的元老钟清汉先生。

　　前面几个章节多次提及的钟清汉先生出生于 1928 年 9 月 30 日，系台湾省苗栗县公馆乡忠义村客家人，祖籍广东梅州。1962 年 4 月留学日本，毕业于早稻田大学（硕士）、东京大学（博士）。先后在东京立正女子、千叶名德、川村学园、国士馆大学、筑波大学等大专院校任职，2003 年自川村学园女子大学退休。毕生热心教育和客家文化发展事业，著述颇丰。

　　钟清汉先生在退休前曾任日本亚洲文化综合研究所所长，主编《亚洲文化研究》《亚洲文化》等杂志，积极刊发客家研究方面的文章，为热心客家文化事业的学者提供发表论文的机会，积极面向日本社会宣扬客家文化。退休后，创办日本国际客家文化协会并担任会长，出版发行《客家与多元文化》，为中日客家学研究者搭建一个新的交流与合作的平台，拓宽彼此的学术视野，增强客家文化的凝聚力。

　　2014 年，笔者趁参加日本国际客家文化协会创办十周年庆典之际，专门去东京拜访了钟清汉先生。可以说，如果没有钟清汉先生的辛勤付出，日本的客家研究不会有硕果累累的今天。当然，钟清汉先生的背后，是日本最重要的客属社团崇正会（繁荣时期几乎每个城市都有崇正会）及广大热爱、支持客家文化事业的客家移民（以中国台湾地区的为主）。如果没有在日客家华侨战后六七十年来持续不断的贡献，仅凭钟清汉先生一己之力，也不会有日本客家研究蓬勃的发展。

　　正因为如此，"台湾"才成为日本客家研究中最重要的一个高频关键词。李晓霞（2019）指出，还有一个重要的高频关键词是"梅州"。究其原因，是因为梅州是"世界客都"。笔者认为，"梅州"之所以走进日本客家研究学者的视野并且逐渐被放在一个比较重要的位置，与其说是因为

"世界客都"的影响，毋宁说是梅州与台湾的历史渊源使然。因为，梅州是众多台湾客家人的原乡，这点通过方言便足以证明——台湾地区内最主流的客家方言"四县话"。"四县"指的并不是台湾地区的哪四个县，而是指广东省梅州镇平（今蕉岭）、平远、长乐（今五华）、兴宁四县以州府直辖地程乡（今梅县）的方言，亦即"粤台嘉应小片"的客家方言。①

日本学者奥川樱丰彦的一番话，或许可以很好地诠释大多数日本学者把研究目光投向中国梅州的心理动机："200 年前，从梅州移民到台湾苗栗去的客家人，他们到底是怎样想的呢？……为何选择去往苗栗呢？这个问题如果能搞清楚的话，或许会是一次有趣的海外田野调查。"② 换而言之，当前的日本客家研究虽然早已"走进原乡、深入腹地"，但其出发点和大本营依然是"立足台湾省"。

第三节　日本客家研究典范之族群关系研究

族群关系研究是战后日本客家研究的热点，代表学者是笔者的恩师濑川昌久先生。

濑川昌久先生生于 1957 年，岩手县花卷市人，日本东北大学东北亚研究中心教授、博士生导师，文化人类学家。著有《族谱：华南汉族的宗教·风水·移居》《客家：华南汉族的族群性及其边界》《客家的创生与再创生——来自历史与空间的综合性再考察》等与客家文化相关的著作。自20 世纪 90 年代末以来，濑川先生的著述陆续被翻译成中文在中国国内出版。因之，他在中国客家学界也是颇有名气。

濑川昌久很早就着眼于客家和畲族的族群关系研究。20 世纪 90 年代，

---

① 参考台湾省苗栗县政府国际文化观光局编印：《客家文化事典》，2015 年，第 203 页。

② ［日］奥川樱丰彦著，罗鑫译：《跨越 43 年的客乡之旅——粤台客家见闻录》，《客家研究辑刊》2019 年第 1 期，第 111 页。

中国正沐浴在改革开放的春风中，受港澳台同胞及海外侨胞的影响，有关客家源流的讨论在时隔多年之后重新浮出水面，"客家人到底是中原汉族后裔还是接受汉化的南方少数民族后裔"一时间成为学术界争论不休的焦点。在国内，持"中原正统出身论"者众，持"少数民族后裔论"者寡，前者的代表学者有华南理工大学的谭元亨先生，后者的代表学者有嘉应学院的房学嘉先生（两位老前辈均已荣休）。

对此争论，濑川昌久指出，"民系"也好，"民族"也罢，都不是一个不言自明、一成不变的概念，它的边界始终是开放的。换言之，族群身份在一定条件下是可以自由转换的。濑川昌久希望通过对客家和畲族族群关系的深入探讨，揭示汉族与少数民族的边界并非绝对固定的事实。他始终坚持用动态的视角考察族群认同感形成的全过程，为我们厘清客家源流问题提供了一个崭新的视角。

濑川昌久首先注意到汉族内部巨大的方言文化差异及其对民众族群身份认同感的影响。但是，比起语言，濑川昌久认为，家庭教育和社会环境才是形成族群身份认同的关键，客家人也不例外。在形成族群认同感的诸多条件中，他者的存在是最不可或缺的一个因素，因为"没有对比就没有发现"，客家人正是因为有了和"本地人（Punti）"等他者长期接触（不论竞争或合作，友好或敌对）的机会，才渐次有了"自家人"的意识，而近代以来来自客家地区的、影响中国历史进程的杰出人物的大量出现，以及华南地区固有的"边境性"，又恰好为客家人"系出中原"提供了一定的事实依据——濑川昌久如是分析。

对于和客家关系密切的畲族，濑川昌久也进行了扎实而深入的研究。他围绕着"祖图"，对比广西瑶族、云南白族、台湾平埔族等其他少数民族的案例，剖析了畲族"盘瓠传说"的来龙去脉及其背后的社会心理。

濑川昌久特别留意到中华人民共和国成立后一些客家人申请"恢复"畲族身份（这一部分申请者坚称他们本来就是畲族，当初不过是为了避免遭受歧视与偏见才加入客家人群体的）的社会现象——这自然与中国政府

的少数民族优待政策不无关系。

言归正传。濑川昌久发现，似乎除了这部分申请"恢复"民族身份者外，绝大多数的客家人都是与畲族无任何关联的、来自古代中原的"纯汉族"。然而，从畲族几乎全都使用客家话或者近似于客家话的一种方言、唯独与客家而非其他民系的关系最为密切等事实来看，这种观点恐怕站不住脚。

濑川昌久进一步分析指出，如果罗香林划定的客家迁徙路线图完全符合史实的话，那么，这说明客家和畲族至少从唐末开始就共同生活在闽粤赣三省交界处了①。换言之，畲族在唐朝到明朝的这段历史时期，在闽西、赣南和粤东一带逐渐汉化或者说客家化，畲、客双方在语言以及其他方面逐渐不分彼此。可是，就连承罗香林一脉的客家研究者们自身也承认，当时这一区域从来只有"客家先民"的存在而没有"客家"的概念。因而，认为古时就有边界明确的"客家"和"畲族"、畲族是受到客家文化单方面的影响而变成今天这样子的观点未免有点牵强。濑川昌久如是说。

濑川昌久还发现，中国的客家研究似乎很少提及畲族对客家的正面贡献，而总在强调客家对畲族的积极影响。之所以如此，是因为客家在一段时期内曾被其他汉族族群根深蒂固地当作畲族与汉族混交的"杂种"，甚至直接就被他人说成是非汉族人种的后裔——众所周知，站在学术层面对此谬论进行反驳，正是罗香林客家研究的出发点和动机所在。

濑川昌久强调，以证明客家是中原正统汉族为动机的客家研究，在很大程度上僵化了人们对汉族与"少数民族"边界的认识。他主张学术界应当更加关注汉族内部的方言文化多样性，积极地开拓视野，以一种更加灵活的思维方式重新思考客家问题，而不是总囿于外力所圈定的汉族与少数民族的边界。

---

① ［日］濑川昌久：《畲族と客家》，［日］未成道男编：《文化人類学——中国研究の視座》第8卷，京都：学会出版社，1990年。

瀬川昌久还利用华德英（Barbara Ward）通过对香港水上居民即疍家进行考察分析所得的"意识模型"① 对中国传统的统合机制进行了透彻的分析。

我们知道，疍家遍布华南各大水域，他们毕生都生活在船上，在祭祖、亲族组织以及日常生活习惯等诸方面都与生活在陆地上的人有着很大的差别。因此，他们时常遭受不公正的对待。然而，疍民们始终相信，一定在别处的哪里存在理想的、正统的中国人的生活方式（即华德英所谓的"主观传统模型"）——这是疍民们中国人或者说汉族身份认同的思想基础，尽管它本身是模糊不清的。

瀬川昌久指出，疍民之外的其他汉民系虽然各自的情况有所不同，但都同样受到了文化统合机制的影响。也就是说，非汉族的族群在接受汉文化的过程中，一旦把一些具有中国特色、汉族特色的文化视为理想坐标，哪怕实际上与周边的汉族近邻在生活方式上存在差异，也不影响他们认为自己也是汉族的主观判断。汉族正因为有这样的文化统合机制，才得以容纳、吸收如此之多种多样的文化，不断成长、壮大。

回到汉族色彩浓厚的畲族本身，瀬川昌久认为，在中华人民共和国政府开展民族识别工作而带来的、与汉族相对的畲族认同感确立以前，极有可能存在以汉族自居的畲族人。换言之，在以前，汉族认同感与畲族认同感并不是非此即彼的关系，这两重身份可以同时存在。也就是说，一个人可以同时是畲族人和汉族人。

客家的认同感与疍民的恰好相反，因为客家人总是从其自身实践的文化内部而非向外界寻求那些最具中国特色的"传统模型"。值得注意的是，和客家一样对此"传统模式"积极附和的，往往多见于汉族与汉族色彩浓厚的少数民族的边缘地带，而不是在汉族社会的中心区域——这是瀬川昌

049

---

① Barbara Ward, *Through Other Eyes*, Hong Kong：Chinese University of Hong Kong Press，1985.

久的另一个重要观点。

值得一提的是，濑川昌久在客家族群研究中多次援引了许烺光（Francis L. K. Hsu）的观点。许氏以汉族的祖先崇拜以及祭祀为切入点，专门研究云南省的民家人（即白族）。民家人被视为南诏国（存在于 7—13 世纪的云南地区）的子孙后裔，现除保留了固有语言"白语"外，在其他方面基本上都被汉化了。如许烺光著作所指出的那样，民家人在祖先崇拜以及祭祀形式上已经完全汉化，甚至比其他汉族地区（尤其是北方）的还要"汉式"①。民家传说认为他们是明代从南京迁徙南下的汉族后代。事实上，在其他汉化程度较深的部分少数民族（如壮族）社会，同样存在认为本族群是从北方迁徙南下的汉族后代的传说。②

客家的中原正统起源学说，虽然经过罗香林等人的学术包装，显得更为精练，然就本质而言，实与上述少数民族的无异。也就是说，他们都以中原地区或者说中华文明的发祥地作为本族群的起点，这与先前所介绍的"主观传统模型"构造原理相同，又或者说这是将其置于虚构的时间轴上投影出来的产物。一边将汉族认同感作为历史的起点加以固定，同时又将迁徙这一时间上、空间上不断移动的过程作为现在与起点相乖离的解释。

总之，濑川昌久认为，客家人的中原正统认同意识在形成方法上与汉化程度较深的边境少数民族族群相比没有本质差别。申请从客家变成畲族的社会现象看似奇异而且唐突，但如果放在全中国的框架下，特别是对东南部诸民族之间的关系稍作动态考察的话，也就不难找出个中原因。

需要解释的是，濑川昌久先生从来没有否认过客家人的汉族身份，他只是认为，客家人与其他汉民系的人一样，既保存了许多汉族的传统特色，同时也具有一些非汉族文化的元素在里头。总之，濑川昌久对客家既没有盲目褒扬、礼赞，也没有恶意诋毁、中伤，他始终认为，解构客家，

---

① Francis L. K. Hsu, *Under the Ancestors' Shadow*, New York: Doubleday & Co., 1967.

② ［日］牧野巽:《客家論の現代的構図》，东京：亚细亚经济学会，1980 年。

并不代表否定客家，只是为了尽可能客观地将客家历史文化最真实的一面展现出来。

第四节 日本客家研究典范之历史人物研究

"名流辈出"是日本社会对客家文化的刻板印象之一。在日本，学术界讨论得最多的客家历史人物是洪秀全、孙中山①、何如璋和黄遵宪，其中最受热议的当数何如璋和黄遵宪。在日本，有关何如璋、黄遵宪的研究大致可以分类两类，一类是诗歌研究，代表人物有实藤惠秀、小川恒男等；另一类是外交活动和日本研究，代表人物有冈本隆司。考虑到诗歌研究偏属于文学范畴，在此不予展开论述，本节单就冈本隆司及其针对何如璋、黄遵宪外交活动及思想认识的研究作一下简单的介绍。

冈本隆司先生生于1965年，日本国京都府人，历史学者，专攻中国近代史和东亚国际关系史，现为京都府立大学文学院教授，著作颇丰，他的部分著作已经被国内同仁翻译成中文出版。② 冈本隆可着眼于何如璋、黄遵宪等人当年在驻日公使馆内多次举办中日文化和学术交流活动的事实，以日记、书信等为媒介，从中窥探何、黄二人的外交思想和日本认知水平。

冈本隆司指出，日本的学术界长期以来一直在挖掘、整理清朝驻日公使馆的史料，并站在本国的立场对其进行解读。不过，这一类型的解读既没有将清朝外交官们在日本活动的历史意义分析透彻，也忽略了对当时世界的政治局势、清政府驻欧美等国的其他公使馆情况的综合考虑，着实失之偏颇。

---

① 孙中山先生是否为客家人，在日本的学术界存在争议。
② ［日］冈本隆司著，马静译：《李鸿章》，北京：北京日报出版社，2021年；［日］冈本隆司著，马静译：《袁世凯》，北京：北京日报出版社，2021年。

　　在这当中，以佐藤三郎为代表的学者将何如璋、黄遵宪等人驻日办公期间留下的日记、书信等资料主观而笼统地归纳到其所谓的华人"东游日记"①之中。然而，这些"东游日记"的作者，其身份、背景各不相同，有的是观光客，有的是移民，有的是官员，有的还是留学生，且各自所处的年代、年龄、立场和兴趣点也全然不同。冈本隆司指出，佐藤三郎完全没有考虑到这点，尤其是他忽略了何如璋的外交官身份，竟然将他写的《使东述略》和李圭的《东行日记》等普通访日游记相提并论。

　　直到实藤惠秀研究成果的问世，才修补了日本史学术界在此方面的缺陷。对此，冈本隆司坦言，他对于何如璋、黄遵宪的研究，在很大程度上吸收的就是实藤惠秀的先行研究成果。实藤惠秀的一大学术贡献在于使得后进的学者得以从整体上较为明确地把握当时华人真实而具体的日本观，但与此同时，冈本隆司也表示，实藤惠秀的研究也暗含许多悬而未决的问题。

　　冈本隆司发现，与同时代的大清国驻欧美使领馆不同的是，何如璋、黄遵宪所在的驻日公馆几乎没有出使日记传世。对此，冈本隆司推测，这或许与何如璋、黄遵宪的个性有关，是他们自己不愿意执笔出版这样的日记？还是说他们写了但因为种种原因没能留存下来？

　　冈本隆司分析，虽然清政府与日本明治政府在1871年签订了《中日修好条规》，但日本悍然侵吞琉球、觊觎台湾的举动，对清朝还是形成了实实在在的威胁。清政府向日本派遣常驻使臣并设置公使馆，其主要目的显然是更好地视察敌情以及更加便利地处理两国之间的纷争。

　　耐人寻味的是，偏偏是在这样的时候，在中日两国之间兴起了文化与学术交流的高潮。冈本隆司强调，就此问题不能仅仅局限在文化层面讨

---

　　① 包括李圭的《东行日记》、何如璋的《使东述略》、李筱圃的《日本记游》、王之春的《谈瀛录》、王咏霓的《道西斋日记》、李春生的《东游六十四日随笔》、章宗祥的《日本游学指南》、胡玉缙的《甲辰东游日记》、黄尊三的《日本留学日记》、黄庆澄的《东游日记》、丁鸿臣的《四川派赴东瀛游历阅操日记》以及尹蕴清的《考察教育日记》。

论。毕竟，清王朝与日本明治政府之间的矛盾已然浮出水面，何如璋、黄遵宪等人是背负着政治使命而来的，他们的主要身份是清政府的外交官，其次才是文化学者和诗人。

冈本隆司在多个场合，以不同的形式向日本学术界详尽介绍了何如璋、黄遵宪其人其事，特别是综合比较了何如璋的《使东述略》《使东杂咏》和黄遵宪的《日本国志》《日本杂事诗》，积极评价了它们的历史贡献并肯定了它们的文学价值。更为重要的是，冈本隆司透彻地分析了何、黄两位外交官到任日本、著书立说的历史背景，分析了其时代背景和意义，他的研究值得我们关注。

第五节　日本客家研究典范之方言研究

053

方言研究同样也是日本客家研究的热点，它所呈现出来的一个特色就是研究者普遍喜欢用非本国语言对客家话展开研究。例如，彭阿木是华人，他的客家话代表性研究成果是用日语完成的；桥本万太郎是日本人，他的客家话代表性研究成果是用英语完成的；本节所要介绍的柯理思是法国人，她的客家话代表性研究成果也是用日语完成的——正因为如此，才将其研究纳入日本客家方言研究的框架下进行介绍。

柯理思（C. Lamarre）生于 1955 年，她是法国巴黎社会科学高等学院的博士，东京大学研究生院综合文化研究科的教授，在汉语方言和日语研究等领域造诣颇深，尤其是对客家方言的书写问题有着独到的见解，在中日学术界皆久负盛名。

柯理思认为，中国在 1912 年到 1955 年的 40 多年间成功地完成了"规范用语的政权交替"。这个交替过程包括脱离了以文言文为核心的语文教育，创造出了白话文书面语，制定了以北京官话为基础音的汉字发音标准

以及延续汉字的使用等。① 与此同时，柯理思也指出，这一过程也意味着南方汉语方言书面语化进程的终结，只有地处独特的政治、文化空间的香港粤语以及台湾闽南语相对例外。

在客家话研究方面，柯理思着眼于清朝末年广东客语文字化的历史进程，重点研究了一批跟随官员和商人一道进入中国的基督教传教士，充分肯定了他们所做的《圣经》俗话翻译和出版工作。

柯理思指出，清末的中国处在"双语并用"的阶段。文言文作为上层建筑的语言，在学校、行政单位和法律机关均发挥着重要的作用，是人们记录历史、创作高级文学作品的典范和权威语言。是否能够驾驭文言文，成为读书人科举成功、官运亨通的基本条件。文言文在古代中国的地位，就好比古典阿拉伯语在阿拉伯国家，拉丁语在中世纪欧洲的地位一样，独一无二。

柯理思强调，在20世纪以前，从中国到越南、朝鲜半岛、日本乃至东亚的其他国家和地区，文言文广泛应用于当地的行政文书、历史记录以及文学作品，被视为真正意义上的文字，拥有着至高无上的地位。

不过，其他汉字国家"双语并用"的情况和中国的不尽相同，因为这些国家的"上位语言"和"下位语言"在语言系统上就不一样。在日本、韩国、越南等国家，文言文与本国固有语言的关系就像南美洲巴拉圭的西班牙语之于瓜拉尼语，又或者类似于非洲马里的班巴拉语之于法语的关系一样。

柯理思指出，清末中国"双语并用"的情况主要体现在公私两大领域。她发现，文言文虽然有固定的语法，但从来没有语音规范，莘莘学子在诵读四书五经的时候，使用的是本乡本土的语言，而地方的知识分子、社会精英们在口头交流时经常会采用一种半文不白的说话方式。

---

① 同样的观点见于［日］田中克彦：《ことばに見る民族と国家》，东京：岩波书店，1978年，第12页。

柯理思认为，有清一代，自雍正中期至乾隆初期，尽管朝廷在福建、广东两省极力推广官话，为志在考取功名的文人子弟专门开设了正音书院，但这和庶民百姓的语言生活关系不大。① 事实上，清朝官话的通行范围始终有限，更为重要的是，它本身并不规范，甚至一度分为南北两套系统，而 19 世纪中叶恰好是南方官话让位于北方官话的关键时期。②

与文言文相对的是白话文。柯理思认为，白话文的本质就是汉语北方话，最初仅限于通俗小说、戏剧台本、佛教读物等特殊场合使用，难登大雅之堂，常常被读书人尤其是科举成功人士嗤之以鼻。对于南方的读书人来说，白话文虽然也是一种书面语言，但是它始终没法和文言文相提并论。

柯理思将中国老百姓日常交流所使用的、通行范围相对局限的口头语言称为"俗话"（vernaculars）。她发现，和北方话差距越大的俗话，其语法规范和汉字使用标准就越难以确定。

柯理思指出，文言文之于清朝末年的中国老百姓，依然是天书一般的存在。尽管此时社会上出现了一种比正统文言文（High Wenli）通俗易懂的文体——"文理"（Easy Wenli）。然而老百姓听文理，同样宛如置身于云里雾里，根本不知所云，无法疏通意思。

柯理思根据戴遂良（Léon Wieger）③ 1895 年编写的教材《汉语口语文言文入门》指出，清末的中文由汉语口语（langage parlé 即英文的 Colloquial）、文言文（demi-style 即 High Wenli）和文理（style 即 Easy Wenli）三大板块组成。这三种虽然都是中文，但是其所使用的词汇和表达方式各

055

---

① 笔者对柯理思先生的这个观点不敢苟同，实际上清朝的官话运动对客、闽等南方方言的影响还是比较大的，最典型的就是文白异读字的大量出现。此外，正音书院基本上只在福建存在，在广东各地几乎都是在既有的社学基础上开展的官话教育，这点需要我们注意区分。

② 参考［日］高田时雄：《威妥玛与北京话的胜利》，［日］狭间直树编：《西洋的近代文明与中华世界》，京都：京都大学学术出版会，2001 年，第 127 – 142 页。

③ 法国人，耶稣会传教士、医师、汉学家，主要在华北的河间府（今河北省献县）活动。戴遂良神父不仅编写了中文口语、文言文方面的教材，还将大量的中国文学作品、历史典籍翻译成法文，为中法文化交流作出了积极的贡献。

不相同。其中，文言文非常简洁，即使是文人，如果只听语音、不看汉字的话也很难一下子就理解意思。文理相对大白话来说依然显得生硬，但文人一下子就能听懂。俗话则比较啰唆，常常夹杂着许多无法用汉字表示的词汇。

柯理思强调，作为中华民族共同语但尚未成熟的官话也好，作为继承了口承文学传统、比文言文更加贴近老百姓的白话文也罢，它们的基础方言都是北方话。辛亥革命以后，中国的知识分子们在既有的白话文学经典作品的基础上创造出了"国语"。然而，如"白话文"的"文"字所暗示的那样，这种文体实际上和日常所使用的口语还是存在差异的，在华北且如此，遑论华东、华南地区。

众所周知，各大汉语方言之间存在着巨大的沟通障碍。柯理思认为，各大汉语方言之间的关系就好比欧洲的德语之于荷兰语，又或者说类似于罗曼语系诸语（包括法语、西班牙语、意大利语、葡萄牙语、罗马尼亚语）之间的关系。

柯理思以客家话为例，指出方言和普通话之间在发音、词汇以及语法方面的种种不同：从人称代词到方位名词，再到"吃""走"等在日常生活中使用最为频繁的动词等，客家话和普通话之间都存在着巨大的差异。

柯理思认为，汉语方言之间这种巨大差异的存在是中国完成语言近代化（即实现黄遵宪所提倡的"我手写我口"，详见本书第四章第一节内容）的一大障碍。如果中国使用拼音文字的话，那么各地方音的差异无疑将是一个难以调解的问题。如果继续使用汉字的话，也将面临如何用汉字准确表记的问题，尤其是方言的虚词部分让人费神。

如前所述，柯理思在其客家话研究中重点介绍了近代来华西方传教士们所留下的功绩。她首先指出天主教和基督教在此方面的异同。两相比较之下，柯理思发现，虽然天主教和中国打交道的时间更长久，但是长期以来，天主教传教士只是和中国精英阶层的关系密切，从不反对文言文。事实上，天主教对《圣经》的俗话翻译向来漠不关心，甚至一度强烈反对。

所以到了 16 世纪，将《圣经》翻译为世界各国俗话的工作成为欧洲宗教改革的重要内容。

要之，天主教在文献的俗话翻译上落后基督教很多。19 世纪中叶以后，随着基督教传教士的大举来华，《圣经》的方言俗话翻译工作在中国大规模展开，并进行得如火如荼。

柯理思指出，中国学者普遍将 19 世纪 90 年代视为中国文字改革和国语运动的孕育期，其标志性事件就是 1892 年卢戆章①公开发表了首套汉语拼音方案《一目了然初阶》。在此之前，中国有关改革文字、废除文言文的呼声已经十分强烈。特别是自 19 世纪 60 年代到 80 年代的 20 多年间，西方传教士们就在中国印刷、发行宣教出版物时应该使用何种语言（文言文、方言抑或官话）以及采用何种文字（拉丁文还是汉字）的问题展开过激烈的争论。

除翻译《圣经》以外，基督教传教士还十分热心教育，他们在中国各地积极地创办学校，帮助地方扫除文盲。传教士基于经历过宗教改革的几个国家如德国、丹麦、瑞典等国的经验，普遍认为《圣经》的俗话翻译对一个国家国语的确立能产生决定性的影响。也正因为如此，传教士才对中国的语言文字选择问题争论得如此激烈。

就西方传教士的《圣经》汉译工作的历史阶段划分问题，柯理思的观点如下：

第一阶段是在 1842 年《南京条约》签订前后，此时传教士们大多集中在广州、厦门、福州、宁波、上海等通商口岸，普遍熟悉南方汉语。需要注意的是，这几个城市都是北方官话的盲区。正因为此，这些方言版的《圣经》问世时间更早，如上海话版的出版于 1847 年，福州话、厦门话版的出版于 1852 年，而北京官话版的《圣经》迟至 1864 年才问世。

---

① 卢戆章（1854—1928），字雪樵，福建同安人，清末学者，汉语拼音文字首倡者、中国文字改革先驱者。

第二阶段是在 1858—1860 年。由于《天津条约》和《北京条约》的签订，传教士的活动范围纵深至内陆的汉口、南京、北京、天津等北方地区以及温州、汕头等南方的通商港口。随着时间的推移，传教士的人数在 1864 年到 1905 年的 40 多年间增长了近 18 倍多，他们中的大多数人来自英语国家或地区，少数来自德语国家或地区。

柯理思对西方传教士之间有关中国语言、文字使用过程中产生的困惑和讨论表现出浓厚的兴趣。据她介绍，在华传教士全体会议先后于 1877 年和 1890 年两度在沪召开。除了印发《圣经》和其他宣教小册子外，传教士在学校教育、扫除文盲方面时还面临以下三个语言文字方面的选择：①到底应该使用文言文还是俗话？②如果选择俗话的话，那应该根据每个地方的语言发行出版物，还是应该统一使用"官话""白话文"等暂时不是国语、将来可能成为国语的"国语"？③如果选择方言的话，应该使用拉丁文还是汉字表记？

对于第一个问题，柯理思强调不存在使用拉丁文的问题，因为就算将文言文逐字逐句念出来也很难有人能够正确领会意思。19 世纪 20 年代以后，在东亚出现了不少文言文版的《圣经》。当时传教士们所争论的焦点是是否应该保留文言文。换言之，应该继续努力，把文言文版的翻译加以改善，让它变得通俗易懂一些，还是说应当遵循新教改革的精神，直接放弃文言文，将《圣经》彻底翻译成每个普通家庭的成员都能理解的大白话？

据柯理思的介绍，部分传教士通过具体的实践证明，将《圣经》翻译为各地方言的难度很大，翻译成官话也不够理想，最好是直接翻译成文言文，毕竟这是中国人一直以来的习惯。然而，如前所述，在实际讲习《圣经》的时候，按照文言文版逐字逐句诵读出来往往没有任何意义，根本无法顺畅地传达意思。事实上，各地方教会的传教士在做礼拜的时候，往往一手拿文言文的译本，一边用当地方言作现场解释。可是，这个方法十分麻烦，还经常容易出错，所以不如一开始就用当地语言翻译的译本效果更佳。

　　大多数传教士主张适度保留文言文，将其巧妙地融合到官话和白话文中去，使它变成更为通俗易懂的"文理"。这样一来，不仅可以满足那些未曾系统接受过文言文训练却对白话文读物持有成见（认为白话文不成体统）甚至不屑一顾的读者的需求，同时也能照顾那些谦卑的、认为用白话文翻译"神圣经典"有辱神灵的读者的情绪。从整体来看，"文言文派"的立足点是考虑到中国人一直以来的习惯，但他们在传教士中并不占多数。绝大多数传教士认为，将《圣经》翻译成文言文对向普罗大众传教而言毫无意义。值得一提的是，在"文言文派"中，有人表示，使用文言文不仅能克服方言的壁垒，还能超越国境，对在日本、朝鲜等国传教也能提供极大的便利。

　　对于第二个问题，柯理思指出，不同地区的传教士各持己见。例如，很早就在中国东南沿海活动的传教士强调，用官话版的《圣经》到当地进行传教、开展教育显然是不可行的。在宁波等文盲较多的贫困地区利用拉丁文推行识字教育的传教士则认为，拉丁文才是中国提高国民识字率、实现近代化的关键。然而，20世纪以后，伴随中国国内新文化运动的兴起，北方官话逐渐成为"国语"的不二之选，在这样的时代背景下，大多数传教士在宣教时都倒向了官话，并且不再使用拉丁文。

　　对于第三个问题，柯理思指出，各地有关方言出版物应该使用拉丁文还是汉字的看法意见不一。根据相关史料，在福建厦门活动的传教士曾报告称，即便是当地为数不多的文化人，也认为用汉字表记闽南语的难度很大。与之相对的是在官话地区、广州以及苏州，这几种方言的汉字表记已经有一定的群众基础，当地人民也更喜欢汉字读物（正因为此，在官话地区几乎没有讨论"是否应该使用拉丁文"问题的余地）。

　　"拉丁文派"以学习过后不容易忘记、便于书写等为由，认为拉丁文更有利于扫盲工作。在当时，中国只有中上层阶级的少数男性才享有接受教育的权利，他们掌握文字主要是通过学习古代经典的方法获得。

　　根据柯理思的介绍，中国历史上第一所女子学校建立于宁波，由西方传教士在 1844 年创建。中国第一所非教会性质的女子学校则成立于 1898 年的上海，国立学校迟至 1907 年才出现。宁波的教会学校对女学生采取"宁波话＋拉丁文"的教育模式，事实证明这种模式对妇女儿童在短时间识字效果甚好。1890 年，出席全体在华传教士大会的台湾和汕头代表对拉丁文更有利于教育事业的作用给予充分肯定，称即使是未曾受过教育的妇女只需给她们三个月的时间便都能识字。即便是在汉字使用习惯根深蒂固的官话地区，传教士们也不反对通过使用拉丁文来进行女性教育。这其中有一个原因是在当时的中国，人们普遍认为女性没有接受文言文和汉字教育的必要。

　　综上所述，柯理思认为，在与中国主流社会相对隔绝的地域空间，仅在一定范围内才能有效通行的方言拼音对中国书籍、报刊、教材出版业的发展起到了积极的推动作用。此外，这些文字也成为学校教育的有力工具和学生学习自然科学的媒介，对推动中国妇女教育的发展作出了很大贡献。但与此同时，柯理思也指出，在这样的教育方针的作用下，断绝了学生与中国主流出版物即用"文言文＋汉字"写的报刊的联系。

　　柯理思还看到，客家人遍布华南各大山区，喜欢聚族而居。除广东以外，在福建省西南部、江西省南部、湖南省、四川省以及台湾岛也有客家人，大多被使用其他方言的族群所包围。据说客家人从北方移民而来，但其语言和华南的粤语、闽语一样，与北方官话差别甚大。

柯理思研究的另一大内容，是系统介绍巴色会①的客家话研究。

与其他基督教教会一样，巴色会的传教士们为了翻译出平民百姓也能读懂的《圣经》和经营好学校（包括宗教类与非宗教类两种，均由教会创建），曾积极尝试"书写客家话"。柯理思强调，正是因为有了巴色会的记录和出版，客家话才真正开始拥有了自己的书面语言（诗歌除外）。接下来，我们来看巴色会"用客家话书写"的具体情况。

柯理思将巴色会的书物出版划分为以下三个阶段（三个阶段的时间有些是重合的）：①使用拉丁文表记：巴色会的活字印刷（基本上出现在 19 世纪）；②客家话专用的汉字表记：巴色会在当地（香港）发行的木刻版印刷（20 世纪 80—90 年代）；③汉字的"规范化"：在上海发行（20 世纪）。

柯理思对客家话版《圣经》的问世过程亦有研究。她指出，最先的译本是 1860 年发行的《客家俗话马太传福音书》。这是中国巴色会创始人黎力基牧师委托香港客籍文人戴文光参照文言文版《圣经》的内容翻译出来的。首部活字印刷的客家话版《圣经》使用的是拉丁文，而且采用的是以莱普修斯拼音法②为基础的拼写系统。戴文光除了翻译《圣经》外，还协助韩山明编纂词典，发挥了极为重要的作用。据说韩山明逝世后，客家话

061

---

① 别译巴色差会，成立于 1815 年，总部位于瑞士巴塞尔。1847 年，巴色会派德国人黎力基（Lechler）和瑞典人韩山明（Hamberg）两位牧师来华，最初只在香港及新安（今深圳）活动，后来逐步转向粤东北地区，最终深入客都梅州并扎根于此。巴色会在中国几乎只在客家地区活动，专以客家人为传教对象。1894 年，巴色会在广东有 13 个传教点，有传教士 28 人（其中客籍牧师 4 人），有信徒 4 000 人，有约 1 200 名学生在 53 个学校（后来发展成为一所神学院和一所师范学校）学习。19 世纪后期，巴色会因为创建德济医院（即今梅州市人民医院前身，梅州民间俗称"黄塘医院"）和乐育中学（河源市紫金县的古竹中学前身，也叫乐育中学，与梅江区的乐育中学系出同门，都是巴色会创办的学校），为客家人带来了近代医疗和教育，在客家地区获得盛誉。1924 年，巴色会正式改名为"崇真会"（Tsung Tsin Mission）。有关巴色会的更多介绍，可参考刘镇发、庄初升、黄婷婷、冷剑波等人的研究。笔者拙著《客家话概说》（广州：暨南大学出版社，2019 年）中亦有专门章节的介绍。

② 卡尔·理查德·莱普修斯（Karl Richards Lepsius，1810—1884）：德国人，埃及学学者。他发明的拼音系统在 19 世纪 80 年代发展成为国际音标。巴色会是德语国家的教会，它在非洲、印度等地传教时使用的也是莱普修斯拼音法。

词典的编修工作由黎力基跟进,相应的很多客家话汉字皆由戴文光创制。这本词典经过几代传教士的运用和不断修正,终于在 1909 年以《德客小词典》的书名由巴色会正式出版发行。

巴色会《圣经》的客家话翻译从 1860 年开始,到 1883 年《新约全书》完成结束,在此期间,在正式出版的时候使用的都是莱普修斯拼音法。19 世纪 70 年代中后期,为在巴色会的神学院接受教育而留欧的江发灵(Kong Fat Lin)牧师回到中国,自此客家话的翻译开始呈现多样化的局面。根据一直致力于《圣经》外语翻译、出版事业的英国圣经公会(British and Foreign Bible Society)在 1882 年与 1883 年的出版记录可知,《新约圣经》的最后一章是由江发灵和毕安(Charles Peton)两位牧师携手合作,直接从希腊文翻译过来的。

首部木刻、汉字版的客家话《圣经》出现在 1881 年,《新约全书》则出版于 1883 年。一直到 19 世纪末期,巴色会仍然继续使用拉丁文进行翻译。1896 年,最后一部拉丁文版的客家话《圣经》问世。此后,特别是进入 20 世纪以后,"汉字派"取得决定性胜利。顺便一提,木刻、汉字版的《圣经》最初在广州出版,1904 年修订改版后印刷、出版的重心转移至上海。与此同时,一些客家话特殊词汇的汉字表记方法也随之产生了改变。

柯理思指出,仅从语言特征考虑,客家话比闽南话更容易用汉字表记,所以客家话应该用何种文字表记的问题在一定程度上就是个政治问题。前文提到的"汉字派"胜利的背后,其实隐藏着在香港、广东本土活动的传教士与巴色会总部之间就语言文字问题而产生的激烈、反复的争论。巴色会的宗旨是从一开始就用拉丁文表记客家话,在宣教、翻译、教育等领域一概如此。然而,当地的传教士在实践的过程中却深刻意识到汉字的重要性,就此和总部之间持续了一段时间的争论,直到 1877 年最终获得肯定并取得胜利。以下是当时的几个争论的焦点。

柯理思介绍,当时有一部分人认为,使用拉丁文在编写各种教材时更具优势。当然,更深层次的原因就是巴色会总部担心教授汉字将导致学生更容易接受儒教、佛教等"邪教思想"，而使用拉丁文的话则不必有这样的顾虑，唯有拉丁文能使学生与基督教的精神距离更近。然而，现实却是拉丁文是外国文字，容易让中国人产生抵触情绪，而唯有使用汉字才更容易被客家人接受，也不会破坏"中华"世界的同一性。

柯理思转述江发灵牧师所言，在华人社区传教必须使用汉字，否则不仅收效甚微，还会被人鄙视。巴色会除了创建宗教色彩浓厚的教会学校外，还经营一些普通的学校。对宗教社区以外的家庭而言，学习拉丁文是毫无意义的。有不少家长表示，如果学校不教汉字，就不让他们的子女上学。也就是说，当地要求教会学校开设文言文课程、教授汉字的呼声很高。毕安牧师在 1882 年的一封信中坦言，近 20 年来，他耗费了庞大的时间与精力倾注于莱普修斯拼音法的教育，然而实际上成年人对拉丁文读写能力的掌握依然不尽如人意。即使是接受教会学校教育长大的一些人，他们也只是在私人通信的时候使用拉丁文，一到阅读时还是更倾向于难解的文言版的《圣经》。①

柯理思从技术层面为我们分析了"拉丁文派"失败的原因。她指出，虽然从语言学的角度看，莱普修斯拼音法是非常卓越有效的表记方法，但是在清末，英语字母才是中国拼音文字的主流，使用德语字母的是少数。柯理思表示，在一个音节的左上方和右上方的标注声调符号是中文独有的特色，按照中国传统的方法，② 可将声调分为阴阳两种用来表示调类。教会采取的也是类似的方法，即在印刷时在元音的上方添加一些符号。

据柯理思介绍，早在 1876 年，骆润滋（G. Lorcher）牧师就曾预言，只有巴色会选择这种方法，在其他地方几乎没有通用的可能性。值得一提的是，骆润滋还是 19 世纪 80 年代初创造出数十个客家话汉字的人。

---

① 详见 Lutz, Jessie and Rolland Lutz, *Hakka Chinese confront Protestant Christianity*, *1850 - 1900*, Armonk：M. E. Sharpe, 1998, p.234。
② 日文称此方法为"圈发"或"点发"，即表示汉字的四声而在一个字的四周画上圈点：标记在左下角表示平声，左上角为上声，右上角为去声，右下角为入声。

难能可贵的是，柯理思对客家话版的《圣经》进行了翔实的研究。因此她得出结论，"汉字是表意文字，能够很好地掩盖方言差异"的说法是失之偏颇的。

柯理思指出，当中国还没有"国语"的时候，作为方言的客家话一度拥有属于自己的书面语言。然而，因为政治上、文化上的原因，客家的书面语言没能进一步发展。

综上所述，柯理思的客家话研究不仅丰富了日本客家研究的内容，而且为中国客家话研究提供了新的视野和方向，不少学者正是受到她的影响，才转向巴色会的客家方言历史文献研究去的。

第六节　日本客家研究的发展趋势

通过以上介绍，笔者认为，未来日本的客家研究有三个趋势值得我们关注：

第一，更加注重与中国学者的合作。2007年以后，中日两国客家学研究界之间的交流日趋密切。一方面，学者之间的互访变得频密，学者获邀到对方国家进行演讲、研讨的机会增多；另一方面，不断有中国客家学者的研究成果被翻译成日文介绍到日本，同时，也有大量日本学者的客家学著作、论文被翻译成中文公开出版。中日学者合作完成的研究成果越来越多。

以上这些变化的出现，与中国客家学研究整体实力的提升是密不可分的。以往有个别日本学者心存偏见，认为中国的客家学研究理论相对陈旧（甚至认为没有理论），动辄长篇大论，宏大叙事，不够细腻且带有严重的主观倾向。反之，在个别中国客家学者看来，日本的客家学研究整体水平不高，生搬硬套欧美的人类学理论，唯其马首是瞻且过分拘泥于无关紧要的细节。随着两国客家学界交流与互动的深入发展，可以预见，在不远的将来，持此偏见的人将越来越少，而虚心向对方学习，希望互通有无的人将会越来越多。

此外，近一二十年来，到中国来留学、访学的日本人和到日本去留学、访学的中国人的人数都在不断增加，有越来越多精通中日双语的人才加入客家研究的队伍中来。他们的存在，不仅为日本客家学注入了活力，也在一定程度上决定了将来日本客家研究的走向，值得我们期待。

第二，逐渐淡化"客家"的名称。如第二章第一节所述，2008 年，福建土楼被联合国教科文组织评选为新的"世界文化遗产"。一时间，日本社会各界对客家文化的关心再度升温。"高木派"有关客家历史人文、建筑的观念借由媒体的力量流布坊间，引起普通市民兴趣，带动了旅游业的发展。与此同时，也引起了"学院派"一系列的新的解构反应，开始出现一股"言不称客家"的风潮。

换言之，就是明明从事的是客家研究，偏偏要回避"客家"这个字眼。笔者认为，其表面目的在于反对"客家主义"，根本原因还是为了与"高木派"划清界限。例如，文化人类学者渡边欣雄先生就曾公开表示："待到'客家人'能够克制'客家主义'，客观地将自己的客家文化视为非特殊、非固有文化之时，非客家人才会承认'客家人'和'客家文化'的存在。"

受此风潮影响，在部分日本客家研究学者中，出现了去"客家"化的苗头。主要表现在：尽量不在标题中使用"客家"一词，取而代之的是具体的地名；研究手法上，把客家从主体变为客体，通过与其他族群、文化的对比反衬出客家的"特色"，由此进行解构。例如：横田浩一的《从潮汕的视点所见客家文化的表象》（收录于濑川昌久、饭岛典子主编：《客家的创生与再创生——从历史与空间出发的综合性再讨论》，东京：风响社，2012 年）；河合洋尚的《潮汕人和客家人——差异与连续》以及稻泽努的《从汕尾考察"广东三大民系"》（均收录于志贺市子编：《潮州人——围绕华人移民族群性的历史人类学》，东京：风响社，2018 年）。这种名义上

去"客家"，手法上以"客"为客，实质上解构客家文化的趋势是否会进一步蔓延与扩大，同样值得我们关注。

第三，职业研究、边界研究持续兴起。目前，客家历史人物研究自不必说，以区域研究、流域研究为典型代表的整体型、单一型的客家研究在日本已接近饱和状态，相关研究成果汗牛充栋，其中不乏经典之作，如蔡驎的《汀江流域的地方文化与客家——有关汉族多样性与一体化的考察》（东京：风响社，2005 年）。

如今，日本的客家研究学者逐渐把目光投向边界地区的客家人及其所从事的职业。在此方面比较先行的研究成果有：饭岛典子的论文《江西的矿山开发与客家聚居区》［收录于罗勇主编的《客家学刊（创刊号）》，北京：中国社会科学出版社，2009 年］、《从云南到印度支那内陆矿山与客语圈——在云南的江西人与广东人》［收录于《客家与多元文化（第 9 辑）》，东京：亚洲文化总合研究所出版会，2014 年］；西村祐子的专著《制革业者们——受歧视的部落、客家、穆斯林、犹太人以及"皮革之路"》（大阪：解放出版社，2017 年）。这种以职业为切入点，以不同族群文化交错的边界地带为研究对象的客家研究，着实值得我们参考和关注。

第四章　彼此眼中的对方

第一节　客家人眼中的日本

如果说林则徐和魏源都是近代中国睁眼看世界的第一人的话，那么何如璋和黄遵宪可谓是近代中国睁眼看日本的第一人。在何如璋、黄遵宪之前，除了东南沿海一带的居民有着模糊的"倭寇"历史记忆外，绝大多数中国老百姓对于日本这个邻邦是一无所知的。清王朝对于日本，长期停留在"蕞尔小邦""弹丸之地"等负面的刻板印象上，而且从心里面瞧不起这个邻国，以至于不少达官贵人连日本在哪里都不知道。这种情况，从清军入关开始一直到甲午战争结束以前，从未改变。

1853 年，美国海军将领佩里率舰驶入东京湾，要求与德川幕府谈判，史称"黑船来航事件"。面对亡国灭种的危机，日本非但没有沦为西方列强的殖民地，反而通过明治维新成功跻身近代文明世界，逆袭为列强之一。伴随高升号的沉没，清政府在甲午海战中一败涂地，直到李鸿章被迫到春帆楼签订《马关条约》之时才清醒过来，痛改从前对日本不屑一顾、蔑视鄙夷的傲慢态度，接纳变法派的建议，精进图强。

就在这个时候，成书于甲午战前的《使东述略》《使东杂咏》和《日本国志》《日本杂事诗》终于拨云见日，在知识界和政界引起重视。《使东述略》和《使东杂咏》由何如璋完成，较为翔实地记录了日本明治维新的

具体情况以及何如璋在日本的所见所闻所感;《日本国志》和《日本杂事诗》则由黄遵宪执笔完成,较为客观公正地介绍了日本的历史和现状,描写形式堪称巧妙。

可以说,何如璋的《使东述略》《使东杂咏》以及黄遵宪的《日本国志》《日本杂事诗》皆是中国最早期的日本研究成果。值得强调的是,这几部著作都对康有为、梁启超等人产生了积极的影响,也为光绪皇帝的维新变法提供了重要的参考文献和理论依据。本节我们将以这四本著作为中心,重点介绍客家先贤何如璋、黄遵宪眼中的日本。

首先来看何如璋。何如璋(1838—1891),字子峨,今广东省梅州市大埔县湖寮镇双坑村人。清咸丰十一年(1861)举人,同治七年(1868)进士。光绪二年(1876)任翰林院侍讲之际被清廷任命为大清国首任驻日公使,到任后一直在日本待到 1880 年底,前后四五年的时间。

驻日期间,何如璋积极地与日本各界人士接触,尤其是和汉学修养深厚、对中国友好的知识分子们交流甚多,在文化上展现出十分亲善、温和的一面。与此相对的是,何如璋在外交上对日本表现得十分强硬,尤其是在藩属国朝鲜和琉球的问题上,始终坚持原则,真正做到了不辱使命。

至于为何要写《使东述略》和《使东杂咏》,何如璋表示:"就所知大略,系日而记之。偶有所感,间记之以诗,以志一时踪迹。若得失之林、险夷之迹,与夫天时人事之消息盈虚,非参稽、博考焉、目击而身历焉,究难得其要领。宽之岁月,悉心以求,庶几穷原委、洞情伪,条别而详志之,或足资览者之考镜乎?固使者之所有事也。"①

然就从本质而言,《使东述略》是写给清朝总理衙门的述职报告,是外交官必须完成的功课。它作为内参,较为翔实地记录了何如璋自受命之日起到东京去建设公使馆的全过程,虽横亘五个月,但实际身居东瀛的记

---

① (清)何如璋、王韬:《使东述略 扶桑游记》,北京:中国旅游出版社,2016 年,第 18 页。

录仅为建设东京公使馆前不到两个月的时间。尽管如此，丝毫不影响《使东述略》的历史价值。不过令人遗憾的是，在甲午战败以前，《使东述略》的影响力十分有限，并没有及时发挥其应有的作用。

通过《使东述略》，我们可以大概了解何如璋的日本认知：

> 方公室之日卑也，后醍醐愤将门骄横，思手除之。楠士仗义兵，赴国难，举族捐糜而不克，何其难也！迄来二十年，强邻交逼，大开互市。忧时之士，谓政令乖隔，不足固邦本、御外侮，倡议尊攘。诸国浮浪，群起而和之，横行都下。德川氏狼狈失据，武权日微；而一二干济之材，遂得乘时以制其变，强公室、杜私门、废封建、改郡县，举数百年积弊，次第更而张之，如反手然，又何易也！讵前者果拙，而后者果工耶？抑时事之转移，固自有其会耶？此不可得而知之矣！[①]

我们发现，何如璋对于日本国情或者说明治维新的介绍更多的只是平铺直叙，略微有点例外的是 1877 年 12 月 19 日的横滨视察感言，从中可见何如璋的拳拳爱国之心：

> 窃以欧西大势，有如战国……比年来，会盟干戈，殆无虚日。故各国讲武设防，治攻守之具，制电信以速文报，造轮路以通馈运，并心争赴，唯恐后时。而又虑国运难继也，上下一心，通力合作，开矿制器，通商惠工，不惮远涉重洋以趋利。夫以我土地之广、人民之众、物产之饶，有可为之资，值不可不为之日，若必拘成见、务苟安，谓海外之争无与我事，不及此时求自强，养士储才，整饬军备，肃吏治，固人心，务为虚憍，坐

[①] （清）何如璋、王韬：《使东述略 扶桑游记》，北京：中国旅游出版社，2016 年，第15 页。

失事机，殆非所以安海内、制四方之术也。①

作为科班出身的官员，何如璋和同时代的官僚一样喜欢吟诗作对，同时也擅长写诗。诚如前文所引之言，他在日本待了四年，难免"偶有所感"，遂"记之以诗，以志一时踪迹"，而集何如璋在日所感之大成者，正是其代表作《使东杂咏》。

嘉应学院客家研究院研究员钟晋兰认为，"一诗一注"是《使东杂咏》的基本形式。例如："板屋萧然半亩元，栽花引水也清娱。客来席地先长跪，瀹茗同围小火炉"。这首诗何如璋注云："东人喜为园亭，贫仅壁立者亦种花点缀。离地尺许，以板架屋，席其上，客来脱履户外，肃入跪坐，围炉瀹茗，以淡巴菰相饷。"钟晋兰指出，何如璋的这种七言四句的竹枝词形式是自唐代刘禹锡以来描写民间风俗的经典诗体，而其注释则属于解释或补充诗歌内容的散文。除《使东杂咏》外，何如璋还有《使日函牍》《管子析疑》36卷和《塞上秋怀》《袖海楼诗钞》等诗文传世②。

接下来我们来了解一下黄遵宪。

黄遵宪（1848—1905），字公度，今广东省梅州市梅江区攀桂坊人，比何如璋年轻十岁。黄遵宪于光绪二年（1876）中举，翌年便来到日本，前后驻留四载，之后历任清政府驻美国旧金山总领事、驻英国参赞、驻新加坡总领事等重要职务。卸任回国后，黄遵宪与梁启超等一道从事维新变法运动。其间，署湖南按察使，协助巡抚陈宝箴推行新政。

《日本国志》是黄遵宪的经典代表作。从编排体例来看，该志辟有历史、对外关系、天文地理、经济、军事、法律、文化等专栏，对日本进行了相当全面的介绍，被20世纪知名的汉学家岛田虔次誉为"旧中国日本研究的最高杰作"。

① （清）何如璋、王韬：《使东述略　扶桑游记》，北京：中国旅游出版社，2016年，第11页。
② 钟晋兰：《首任驻日公使何如璋在日本》，《梅州日报》，2022年2月14日第7版。

　　至于《日本杂事诗》，其传播时间之早、影响力之大，不言而喻。冈本隆司研究指出，《日本杂事诗》实际有两个版本，1879 年同文馆出版的铅印本是《日本杂事诗》的原版，而 1898 年刊行的是通版。与原版相比，通版无论在诗歌数量还是内容方面都有较大的改动。冈本隆司指出，这些改动的出现恰好说明黄遵宪的日本观是与时俱进的。① 借用他本人的话说就是，原版问世之后的十多年间"阅历日深，闻见日拓"，于是"附识数语，以志吾过"。

　　笔者认为，《日本杂事诗》的一个重要意义便在于提醒国人切勿再盲目自大，要正视日本的文化。所以黄遵宪在《日本杂事诗》中，对假名大加赞赏，在原版和通版中皆有诗曰：

（一）

莫嫌蛮语笑啁啾，国字②能通用有余。

丫鬟女儿初弄笔，涂鸦便寄阿娘书。

（二）

不难三岁识之无，学语牙牙便学书。

春蚓秋蛇纷满纸，问娘眠食近何如。

　　黄遵宪的这两首诗，放在今天仍然不失教育意义，因为社会上依旧不时听到有人嘲讽日本的文字是"不认真学习中文的结果"，其理由是日本人将部分汉字的偏旁部首当作正式的文字使用（片假名）。诚然，假名源于汉字，或来自楷书的偏旁部首，或来自草书。然而，它非但不是日本人

---

　　① ［日］冈本隆司、［日］箱田惠子、［日］青山治世编：《出使日記の時代—清末の中国と外交》，名古屋：名古屋大学出版会，2014 年，第 245－246 页。

　　② 日语中的"国字"指的是日本人自创的汉字，相当于我国各地通行的方言字。黄遵宪在此所说的"国字"，指的应该是假名，包括平假名和片假名两种。

"不认真学习中文的结果"，反而是"认真学习中文的结果"。

说到这里，读者朋友们不妨对比一下越南，同样作为汉字文化圈的国家，古代的越南人利用汉字发明出了更加繁难的喃字，结果法国人一来，越南人就逐渐放弃了传统的文字，彻底走向拉丁化，还美其拼音曰"国语字"。日本人则利用汉字发明出了更为简易的假名，反倒为汉字的存续提供了保障。更为重要的是，假名的发明与普及为日本的明治维新奠定了坚实的群众文化基础。

所以黄遵宪早在100多年前就告诫国人，不要瞧不起日本，不要嘲讽日本的文字，这不仅是因为日本的文化源于中国，更是因为"伊吕波"①非常通俗易学，就连"丫鬟女儿""三岁小子"都可以写信向自己的母亲问安，足见明治时期日本的文盲率是极低的。文盲少，对于国家发展、社会进步的重要性不言自明。反之，如果一个国家文盲占人口的大多数，改革创新则寸步难行。

除假名外，明治时期在日本兴起的"言文一致"运动也令黄遵宪印象深刻，所以他后来会在"杂感"时留下"我手写我口，古岂能拘牵"这样的名句，从中可以看到黄遵宪要求变革文言文、推广新文学的迫切愿望，这点在《日本国志》中亦有体现：

余又乌知夫他日者，不更变一文体为适用于今、通行于俗者乎？嗟乎！欲令天下之农工商贾、妇女幼稚皆能通文字之用，其不得不于此求一简易之法哉！②

---

① 指的是片假名，其中伊为イ、吕为ロ、波为ハ、仁为ニ、保为ホ、返为ヘ、止为ト、知为チ、利为リ、奴为ヌ、留为ル、遠为ヲ、和为ワ、加为カ、與为ヨ、多为タ、礼为レ、曽为ソ、津为ツ、称为ネ、奈为ナ、良为ラ、武为ム、宇为ウ、乃为ノ、井为キ、於为オ、久为ク、也为ヤ、末为マ、計为ケ、不为フ、己为コ、江为エ、天为テ、阿为ア、左为サ、幾为キ、由为ユ、女为メ、美为ミ、之为シ、惠为エ、比为ヒ、毛为モ、世为セ、寸为ス。

② （清）黄遵宪：《日本国志》卷三十三"学术志"，王宝平主编：《晚清东游日记汇编》，上海：上海古籍出版社，2001年，第347页。

可以说，近代中国的白话文运动正孕于《日本杂事诗》，皆因黄遵宪在诗歌中使用了大量的俗语和新名词，① 属于典型的"旧瓶装新酒"。再从内容上看，《日本杂事诗》不仅生动地描述了明治日本的风土人情，还认真介绍了日本文明开化时期重要的思想言论。诚如小川恒男所言，黄遵宪是中国"近代前夜的诗人"，他的身上虽然还有古代知识分子的气息，但就本质而言，已与其同侪全然不同。

值得留意的是，黄遵宪还在《日本杂事诗》中介绍了不少新鲜的事物，例如有专门歌颂报纸的诗作曰：

> 一纸新闻②出帝城，传来令甲更文明。
> 曝檐③父老私相语，未敢雌黄信口评。

报纸对促进社会发展和"文明开化"的作用不言而喻，可以说，正是因为看到了这点，黄遵宪回国后才会选择积极地创办《时务报》，为变法维新推波助澜。

综合以上论述，笔者认为，黄遵宪的《日本国志》《日本杂事诗》无论在社会影响力、历史价值还是文学价值等方面，都比何如璋的《使东述略》《使东杂咏》更胜一筹。但是我们不要忘了，如果没有何如璋的大力支持与鼓励，作为晚辈的黄遵宪也是不可能凭借一己之力就如此顺利地完成《日本国志》《日本杂事诗》这样的经典之作的。

事实上，黄遵宪和何如璋之间的情谊，早就超越了上下级的藩篱，他们惺惺相惜、互相成就，这点从他们共有的"人境庐"④ 上便可以看出。

073

---

① 详见［日］小川恒男：《"近代"前夜の詩人黄遵憲》，广岛：广岛大学出版会，2008 年。
② "新闻"在此是日语词，意思是报纸，不是现代汉语所理解的"新闻"。
③ 指的是檐廊，日式住宅中在房间外围铺设的狭长的木板，作为走廊或进出口使用。
④ 梅州有两座人境庐，一座位于大埔县湖寮镇双坑村何如璋故居，另一座位于梅江区攀桂坊黄遵宪故居。

　　"人境庐"出自东晋诗人陶渊明《饮酒·其五》的首句"结庐在人境，而无车马喧"，意思是虽然把房屋建造在人多热闹的地方，但不会受到世俗喧嚣的干扰，颇有"出淤泥而不染，濯清涟而不妖"的意味——这是何如璋和黄遵宪两人共同的志趣。

　　认真对比一下这两座闹中取静的"人境庐"，我们会发现有不少差别。首先，何如璋的"人境庐"是用隶书写就的，没有落款；黄遵宪的"人境庐"是用楷书写就的，落款清晰可辨，而且写上了建筑的年月（光绪十年仲春，即 1884 年农历二月）。

　　不过，要说两者最大的不同，莫过于"人"字。何如璋"人境庐"上的"人"字，比黄遵宪的多了三点。据说，这三点是黄遵宪要求加上去的，表示何如璋的年龄、官位、才识皆在其之上。①

　　我们知道，古人以右为尊，两块"人境庐"的匾，都是从右至左写的，"人"字在最右边，"人"字的一捺则在最右之右，在最右之右的右边再加三点，以此表示对何如璋的崇敬，同时也可以看出黄遵宪的谦逊。此为其一。其二，从字体上说，楷书从隶书演变而来，将更加古老的字体用在何如璋身上，可见黄遵宪心思之细腻。

　　那么，这两块"人境庐"的匾是否由黄遵宪亲笔书写呢？当然不是。因为黄遵宪的"人境庐"上清楚地写着"明治辛巳之初冬，日本大域成濑温书"。"明治"是日本的年号，辛巳年之初冬即 1881 年农历十月。至于"大域成濑温"，则是日本德川幕府至明治维新时期知名的书法家，其汉学修养相当深厚。

　　鉴于国内不少人对大域成濑温存在误解，最典型的便是误以为"大域"是他的姓，在此有必要对其生平作一下简单的介绍。大域成濑温的本名是"成濑温"，"成濑（なるせ）"是姓，"温（ゆたか）"是名，"大域（たいいき）"是号。成濑温在中日书法史上更多是以"成濑大域"的名

──────────

①　参考黄启键：《仰之弥高人境庐》，《宝安日报》，2018 年 7 月 18 日 A17 版。

字出现。

　　成濑温生于日本文政十年，卒于明治三十五年，换算成阳历就是 1827 年 1 月到 1902 年 2 月，他年长何如璋 11 岁、黄遵宪 21 岁。成濑温的故乡在现在的静冈县①挂川市日坂地区，旧属远江国佐野郡。成濑温从小被亲朋唤作"久太郎"，年长后字曰"子直"。

　　很多人不知道的是，成濑温的书法启蒙老师竟然是他的外婆——这从一个小小的侧面也反映出日本当时文化普及率之高。明治维新以后，成濑温来到东京接受教育，师从安井息轩、芳野金陵、川田甕江等知名的儒派学者、汉学家。在安井息轩创办的私塾学习的时候，成濑温便展露出过人的书法天赋，常常为乃师代笔。1875 年，成濑温进入宫廷工作。四年后，他奉明治天皇之命临摹王羲之的《集字圣教序》，荣获嘉奖，得到赏赐——明治天皇将"大楠公"楠木正成（日本南北朝时代历史名人，影响力相当于关公，被视作"武圣"，被封为"南木明神"）使用过的"尚方之砚"赐予成濑温。由是，成濑温别号"赐砚堂主人"。

　　何如璋、黄遵宪来日工作之际，成濑温已然是明治时代的文化红人，其社会地位之高，不言而喻。最典型的是，日本政府曾经命成濑温负责规范习字帖用字的工作，为文部省（相当于我国的教育部）纠正错别字。

　　那么，何如璋、黄遵宪与成濑温到底是怎样结识的呢？这恐怕与芳野金陵有很大的关系。如前所述，芳野金陵是成濑温的老师，他曾于 1878 年 4 月 21 日和 25 日到访驻日公使馆，与黄遵宪、何如璋等人进行了两次深入的笔谈。其中，何如璋只参加了第二次笔谈，黄遵宪则两次都参加了。芳野金陵和黄遵宪一见如故，相谈甚欢。芳野金陵与何如璋、黄遵宪等人的笔谈，可谓中日文件交流史上的一段佳话。②

　　第二位拉近何如璋、黄遵宪与成濑温关系的重要人物应该是杨守敬。

①　日本的"县"相当于中国的"省"。

②　参考［日］町泉寿郎著，张三妮译：《芳野金陵与首任驻日公使馆的笔谈资料》，《日语学习与研究》2019 年第 5 期，第 81 - 89 页。

1880 年，杨守敬作为随员到任驻日公使馆。是年，黄遵宪仍任参赞一职。杨守敬在国内以历史地理学家、金石文字学家、目录版本学家、泉币学家等身份出名，在日本却以书法大家名震天下，其书法作品在当时的日本社会，用"一字千金"来形容亦不为过。

杨守敬和黄遵宪互相赏识、关系密切，所以当他出版《养浩堂诗集》之际，黄遵宪不仅为之作序，还对其中不少作品进行了认真的校对和修改，如："养浩堂诗例言，仆细加校阅，遂至删易过多，乞宽容，而是正之为幸。诗序，仆乞杨醒吾书之。醒吾书法，胜吾百倍。今既书就，即以奉缴。光绪七年八月十九日，黄遵宪。"

黄遵宪在此提到杨守敬的书法"胜吾百倍"，固然是其自谦的表现，毕竟黄遵宪的书法也不是一般人的水平，但这确实也反映出杨守敬书法水平之高，得到了举世公认。借用清末民初历史地理学家熊会贞的话说，杨守敬的书法"直逼汉魏，盖世无双，一时名人莫不推崇"。

在推崇杨守敬墨宝的众多名流之中，除黄遵宪外，还有一位便是成濑温——按照今天通俗的话讲就是黄遵宪和成濑温都是杨守敬的"粉丝"。受杨守敬的影响，成濑温对以日下部鹤鸣、岩谷一六、松田雪柯以及中林梧竹为首的日本"六朝书法"进行了批判，否认其正统性并且和长三洲等一样开始倾向于颜体（颜真卿书法）。

可以说，请书法大家赐墨宝是古代知识分子之间流行的传统，就像让杨守敬代写自己的序言一样，黄遵宪也让成濑温为其与何如璋题写"人境庐"的匾额。这么做其实还有外交层面的考量，在无形之中为两国友好埋下了一颗良好的种子，静待其在适当的时刻生根发芽。毕竟，黄遵宪和何如璋不仅仅是优秀的诗人和学者，更是杰出的外交官，其身上始终肩负着朝廷重担以及对国家、民族长远发展的考量。

第二节 日本人眼中的客家

通过前几章节的介绍，相信读者朋友们已经对日本客家有了初步的认识，大概知道了台湾是衔接广东客家原乡与日本列岛的重要纽带。本节，我们将沿着奥川樱丰彦先生探访粤台客乡的足迹，一起来了解一下当代日本人眼中的客家。

奥川樱丰彦先生是笔者的忘年之交，他生于 1944 年，京都府人，历任美国匹兹堡大学副教授、宾夕法尼亚州阿勒格尼学院客座副教授、日本立命馆大学产业社会学院教授、加拿大大不列颠—哥伦比亚大学人类学系客座教授，2010 年 9 月至 2013 年 1 月受聘于笔者的母校深圳大学管理学院。

奥川樱丰彦先生早年曾在台湾东海大学短期留学，当时就与客家结了善缘。迩来，他一直对客家人和客家文化保持着浓厚的兴趣，和根津清一样，一心想到客都原乡来走一走、看一看。终于，在 2011 年寒假，他有了这样的机会。

是年腊月二十一日上午，奥川先生乘坐深圳大学的校巴①从南海大道出发，前往梅州提前感受客家人的春节。校巴上除奥川先生外，其他乘客都是客家人，大家都在用客家话热烈地交谈着。奥川先生觉得客家话听起来抑扬顿挫、亲切悦耳，比如说"客家"这个词语的发音就和日语很相似——用普通话念是 kè jiā，而用客家话是 hǎk gā［ha$_2^k$ ka^{33}］——客家话

---

① 每逢重大的节假日，深圳大学都会安排校巴运送生源较为集中的地区的师生回家。笔者在深圳大学念书时也曾蒙受母校的恩惠，时常乘坐此类校巴回家。须知，春节期间无论是火车还是长途大巴均一票难求，而且票价昂贵，深大校巴以低于正常市场价一半以上的优惠价格出售给师生，并且保证座位充足（只要提前预订，学校会根据订票人数灵活增加车次），就在校园内上车，十分便利。更为重要的是，同车的全都是本校师生，返乡路上有说有笑，不亦乐乎。这也是为何奥川先生会首选乘坐深大校巴来梅的主要原因。

和日语一样存在促音①。再比如说"合作"一词，用普通话读是 hé zuò 而用客家话是 hàp zǒk［hʌp₅ tsɔk₁］。"日本"的普通话听起来像是"吕本"而客家话的是 nyǐt bǔn［ɲi₂¹ pun³¹］。用客家话数起数来，尤其像日语，特别是"1234"。奥川先生认为，客家话和日语之所以有如此之多相似之处，是因为日本的汉字发音大都是唐宋时期从中原地区传过来的，而客家话恰好也继承了大量的唐宋古音。

奥川先生发现，台湾省的客家话教材所参照的语音标准竟然是广东梅县话。事实上，台湾最主流的客家方言"四县腔"正源于梅州"嘉应小片"的客家话，涵盖今天的梅江区、梅县区、蕉岭县、平远县、五华县和兴宁市。在苗栗的客家话教科书里，还有很多客普双语的对照表，分别标注上了不同的注音符号。奥川先生当时就很好奇，广东和台湾的客家究竟有着怎样的历史渊源，各自发展几百年后，又在语言上出现了怎样的差异？

同行的学生告诉奥川先生说："在梅州，客家话不是在学校里学的，而是在家里听说的过程中自然而然地掌握的。一个人说的是哪种腔调的客家话，完全由其家庭所在的地区决定。虽然客家人的第一语言是客家话，但通常来说，人们只会说，不会写。"这让奥川先生多少感到有些诧异。

在学习客家文化的过程中，奥川先生愈发意识到，不能想当然地用日本社会的常识来衡量中国。毕竟，中国地大物博，其语言文化的多样性非日本社会可比。他本人就亲历了中国人之间互相不能听懂对方说话、只能通过笔谈进行交流的有趣事情，感觉就像回到黄遵宪和大河内辉声那个年代。

奥川先生十分享受沿途所见的客家田园风光，窗外的场景，又让他想起在台湾生活时的岁月。令他感到好奇的是，200 年前，从梅州地区移民到台湾苗栗去的客家人，他们到底怀揣着怎样的憧憬和期待呢？他们又为

---

① 日语促音是受汉语入声影响而产生的，详见下一章内容。

何选择去往苗栗呢？带着这些个疑问，奥川先生顺利来到了梅州，在嘉应学院下了车。

前来迎接奥川先生的，是深圳大学日语系的同学。两位同学分别是梅县人和大埔人，一放寒假就回梅州了，得知外教要来，早早就做好了欢迎的准备。学生们做的第一件事，就是带老师去品尝最地道的梅州客家菜，奥川先生对客家酿豆腐和药膳汤赞不绝口。

饱餐之后，奥川先生跟随学生们去梅县新县城逛了一圈，而后返回酒店小憩。中国快速发展的经济发展令奥川先生感到不可思议，他来梅首日住宿的是条件相对简陋的经济型酒店，没想到竟然也能够在房间里收看他最热爱的 NFL（美国职业橄榄球大联盟）的比赛。

当晚，一位同学的父亲开车来到酒店接奥川先生到家里用餐，这令奥川先生感到兴奋不已。交谈中，奥川先生得知他们家建于 15 年前，并排连在一起的好几栋楼都是他们家里人的——也就是说，他们选择聚族而居。这让奥川先生对客家人的团结深感佩服。

翌日，学生们带领奥川先生先后参观了中国客家博物馆和嘉应学院客家研究院。在客家研究院，奥川先生拜访了时任院长房学嘉教授，两人一见如故，交流得十分愉快。临别之际，房教授还送给奥川先生 8 本由华南理工大学出版社出版的客家学研究专著，诸如《客家梅州》《地域族群与文化研究》等。

话别之后，奥川先生匆忙赶往大埔县另一位同学的家里做客。奥川先生同样受到了热情的款待，与那位同学的家人进行了亲切的交流。奥川先生十分感动，因为梅州到处洋溢着浓郁的人情味。

漫步在大埔县的街头，奥川先生发现几乎没有交通信号灯。没有信号灯，意味着交通秩序混乱，行人乱穿马路，摩托车和汽车的司机肆意按喇叭，哔哔叭叭地让人听着就心烦。奥川先生对此深感不安。

到梅州的第三天，奥川先生首先到泰安楼参观。泰安楼始建于乾隆二十八年（1763），是一座豪华气派的客家传统建筑，总占地面积 6 684 平方

米（约2 000坪），是一幢巨大的四角形建筑，楼内总共有200个房间。每个房间相当于现代的单身公寓，大概30平方米。房间内没有独立的厕所和洗澡间，但每个楼层都设有几个公共厕所和洗澡间。厨房也是公用的，都设置在首层。泰安楼曾在2004年申报世界文化遗产，遗憾的是落选了。现在还有好几户人家住在泰安楼里，坚守着传统的生活方式，其中还有一位百岁老人，奥川先生借助学生的翻译，饶有兴致地听她讲述泰安楼的历史。

奥川先生认为，从外观上看，大埔的泰安楼有点类似于美国马萨诸塞州汉考克雪克村（Shaker Village）的圆形仓房（barn）。就像圆形仓房是雪克村团结精神的象征一样，泰安楼也充满着集体文化的气息，象征着客家人的团结。他留意到，泰安楼的门口有一口扇形的大水池，他认为如此设计除了美观上的考虑外，还有防止外敌侵入的作用，和其家乡日本京都二条城壕沟的设计理念如出一辙。

有趣的是，奥川先生在参观泰安楼的过程中，联想到了中国社会当前的晚婚化现象，他认为这与人们居住环境的改变不无关系。如果中国人依然居住在这种客家集体建筑里，或许就没有晚婚的可能。

从泰安楼出来后，奥川先生在路边发现了一家网吧，他决定进去体验一番，便到前台交了一个小时的上网费，到指定的地方就座，打开电脑上网。他发现，网吧里不少沉迷于游戏的青少年，看样子是1995年前后出生的样子。就像是经济高度发展时期的日本中学生们所经历的那样，若干年后当这帮青少年走向社会之时，中国社会肯定早已全面脱贫，实现小康。也就是说，上一代的中国人所经历的艰难困苦，对于现在的中学生来说已然是遥不可及的历史了。奥川先生如此推测。

离开网吧，奥川先生为实地感受一下浓浓的客都年味，跟随学生一道去了大埔的年货市场。在梅州，老百姓过年通常以腊月二十五日为界，称过小年为"入年暇（gà，或作'界'）"。入年暇前后，正是家家户户忙着置办年货的日子，集市上人来人往、热闹非凡，每个人脸上都洋溢着幸福的笑容。

　　当晚，热情好客的同学再次邀请奥川先生来家吃饭，这次还来了不少亲戚，数世同堂，其乐融融，这让奥川先生既高兴又感叹。因为在日本，人们似乎早已习惯过孤独冷清的日子，在金钱上也计算得比较清楚。可是这样一来，人生也失去了不少重要的东西，比如说人情味和乐趣。这正是奥川先生所感慨或者说羡慕的部分。

　　到了晚饭时间，奥川先生在主人家一家人的热情劝诱下，开怀畅饮。他发现，同样是"干杯"，日本人的干杯是随意的、一次性的或者说象征性的，而客家人或者说中国人的干杯是一杯一饮而尽、持续不断的。此外，在日本，酒更多用来独酌，而在客家地区，酒一定得共享，必须邀请他人一起举杯，而且互相要有眼神交流，大家同时畅饮。奥川先生一开始觉得对客家人这种豪饮的方式难以适应，但很快他就喜欢上了，认为这才是别开生面的、真正的饮酒，正所谓"独乐乐不如众乐乐"，乐且如此，酒何不然哉！

　　结束了四天三夜的客都之旅后，奥川先生和一位同学一道乘坐长途大巴返回深圳大学。令他感到意外的是，大巴的票价比公开的售价便宜很多，而且车上到处都是空位。那位同学告诉奥川先生说，之所以如此，是因为春节期间，从深圳回大埔的乘客人满为患，而从大埔去深圳的人少得可怜。也就是说，车票的价格可以随时灵活调整。此外，那位同学忘记携票在身，一开始被拒之车外。但经过他父亲和检票员的几番交涉，最终还是同意她就这样上车了，这对于习惯了遵规守矩到有点一根筋程度的日本人来说实在感到新奇。因为同样的事情如果发生在日本，司机无论如何是不会让那位同学上车的。当然，在深圳这样的大城市里可能也一样。

　　回到深圳大学之后，奥川先生不禁继续回想起43年前在台湾首次接触客家人的往事。当时，他有个比较要好的同学，苗栗人，住在乡下。有一次，他热情地邀请奥川先生去他的家乡做客。

　　那时，台湾还没有普及家庭电话，他因为种种原因没有按时出现在约

定的地方，于是奥川先生便用刚学不久的闽南话向一位刚好路过的阿姨打听到同学家该怎么走。没想到，生活在台湾偏远乡村的这位村妇居然用十分娴熟、优雅的日语回答："这个村没有人讲闽南话的，我们都是 Hakka 人。""Hakka 人是什么人？"奥川先生感到很疑惑，直到后来去了台北，这个问题才得到解答。原来，苗栗客家人的祖先几乎都来自广东梅州。当时奥川先生就决定将来有机会的话一定要去梅州看看，哪怕有风险也不怕。这个夙愿，终于得以在日前实现，所以奥川先生此番梅州之行实现之后，总是不禁回想起台湾往事，思考客家文化。

顺便一提，20 世纪 80 年代中期，定居京都的某台湾籍客商邀请奥川先生为到访日本的台湾客家协会会员作一场演讲。奥川先生当时想到的是比较客家人和犹太人——和"高木派"学者不谋而合。这是因为，奥川先生认为客家人和犹太人都有基于独特价值体系的生活方式和强烈的宗族意识，又在各自社会的经济、政治领域存在较大的影响，而且遍布世界各行各业。

说到对客家历史文化的具体印象，奥川先生认为，客家人原本都居住在中国黄河流域，15—16 世纪时因战乱而背井离乡，南下到闽粤山区，被当地原住民视为外来客。奥川先生认为，客家文化的价值观和马克斯·韦伯（Max Weber）提出的"新教伦理"非常类似，因为客家人普遍倾向于那种提倡禁欲、尊重劳动、反对浪费、勤俭节约的生活方式。

举例来说，众所周知，封建社会时期汉族女性有缠足的传统。然而，在客家社会，由于女性也是农业生产重要的劳动力，所以没有缠足的习惯。奥川先生认为，这一点反映出客家人务实的一面。

奥川先生认为，少数弱势的客家人为了保护自己，不得已只能聚族而居，于是有了后来被称为"土楼"的建筑。客家人的楼房有圆形和方形两种，大的楼房能容纳数百户小家庭，小型的也能保障几十户人家共同生活。之所以聚居在一起，是因为山区务农艰辛、收入有限，男人外出打工，而留在家乡的女人则到田地干农活，互相扶持。

　　奥川先生之所以对客家一直保持兴趣，还有一个重要因素就是客籍华侨。全球客家人每隔两年召开一次世界客属恳亲大会，精诚团结，共谋发展，奥川先生对此感到十分赞叹。要之，奥川先生眼中的客家人主要有三个显著的特点，那就是：团结、勤奋和节俭。

第五章　双方的语言和文化

第一节　客家话和日语

客家话不一定是最像日语的汉语方言，日语也未必就是最像客家话的"外语"，① 但是相比普通话，客家话与日语之间的确有着更多的相似之处。毕竟，这两门语言都深受唐、宋两代汉语的影响，堪称中古汉语的活化石。本节，笔者将从音韵、词汇以及语法三个层面讨论客家话和日语的若干问题。

一、音韵层面

大家知道，受悉昙学的影响，国人在研究汉语时，早就惯于将单个音节一分为二（声母和韵母）。延至宋代，学者们又依据前人的经验和自身的感悟，将汉语声母按其发音位置的不同细分为"唇、舌、半舌、牙、齿、半齿、喉"等七种，构成横轴；再根据发音时声带是否振动（振动的为浊音，反之为清音）将声母分为"全清（简称'清'）、次清、全浊（简称'浊'）、次浊（又名'清浊'）"四类，构成纵轴。纵横交错，即为下表：

---

① 从听觉上说，客家话像韩语，而潮汕话、闽南话更像是日语。但对于既没听过客家话也没听过潮汕话、闽南话的外地朋友来说，客家话听起来也有像日语的错觉。

表 5 - 1　宋人三十六字母表

唇音		舌音		半舌音	牙音	齿音		半齿音	喉音	清浊
轻唇	重唇	舌上	舌头			正齿	齿头			
非	帮	知	端		见	照	精		影	全清
敷	滂	彻	透		溪	穿	清			次清
奉	并	澄	定		群	神	从			全浊
微	明	娘	泥	来	疑			日	喻	次浊
						审	心		晓	全清
						禅	邪		匣	全浊

085

由上表可知，舌音在古代被分成"舌上音"和"舌头音"两种。其中，"舌上音"指的就是以"知彻澄娘"为字母的音——古代没有表音文字可用，汉字虽有表音功能，但既不精准也不规律，所以这四个字实际相当于音素，依次大致代表 [t͡] [t͡'] [d͡] [n͡] 这 4 个辅音；"舌头音"指的则是以"端透定泥"即 [t] [t'] [d] [n] 为声母的字。

所谓"古无舌上音"，意思就是说古代没有 [t͡] [t͡'] [d͡] [n͡]，只有 [t] [t'] [d] [n] 这一类的声母。"舌上音"大概是自魏晋南北朝末期到唐代期间从"舌头音"中逐渐分化出来的。随着时代的发展变迁，大多数古"舌头音"声母字逐渐演化成为普通话的卷舌音声母 [tʂ] [tʂʰ] [ʂ]，而客家话①和日语不仅都没有卷舌音声母产生，② 还不同程度地保留了古"舌头音"的特点，详见下表：

---

① 除非特别注明，本书所说的客家话指的都是客家话的代表方言——梅州城区口音的梅县话。

② 或许有人会说兴宁、大埔等地的一些客家方言也有卷舌音，从严格意义上来说，这些所谓的卷舌音实际多为舌叶音。换言之，兴宁话的"卷舌音"和普通话的卷舌音性质不太一样。

表 5-2　客家话和日语中的"古无舌上音"现象表

汉字	客家话发音	日语发音
转（転①）	$[\text{tin}^{33}]$（白读，文读 $[\text{tsɒn}^{31}]$）	てん $[\text{teN}]$
趂	$[\text{t}^\text{h}\text{en}^{11}]$（通"趁"，意为"跟""随"）	でん $[\text{deN}]$
择	$[\text{t}^\text{h}\text{ɒ}^\text{k}_5]$（白读，文读 $[\text{ts}^\text{h}\text{e}^\text{t}_5]$）	たく $[\text{taku}]$
卓	$[\text{tɒ}^\text{k}_1]$（白读，文读 $[\text{tsɒ}^\text{k}_1]$）	たく $[\text{taku}]$
啄	$[\text{tɒ}^\text{k}_1]$（白读，文读 $[\text{tsɒ}^\text{k}_1]$）	たく $[\text{taku}]$
涿	$[\text{tu}^\text{k}_1]$（白读，文读 $[\text{tsɒ}^\text{k}_1]$）	たく $[\text{taku}]$

如表 5-1 所示，"唇音"在古代被分成"轻唇音"和"重唇音"两种。其中"轻唇音"指的是上排牙齿和下嘴唇轻微摩擦所产生的辅音声母，即唇齿音，如客家话的声母 $[\text{f}]$ $[\text{v}]$；而"重唇音"（也叫"双唇音"）指的是上下嘴唇接触、开闭之下所产生的辅音，即双唇音，如普通话的 $[\text{p}]$ $[\text{p}^\text{h}]$ $[\text{m}]$ 声母。

"古无轻唇音"的意思是说唐代以前的汉语只有 $[\text{b}]$ $[\text{p}]$ $[\text{p}^\text{h}]$ $[\text{m}]$ 等双唇音的声母，还没有 $[\text{f}]$ 这种唇齿音的声母。但随着时代的发展变迁，大多数古"重唇音"字逐渐演化成为普通话的 $[\text{f}]$ 声母，而客家话和日语均不同程度地保留了"古无轻唇音"的特点，呈现出"轻重并存"的局面。例如：

表 5-3　客家话和日语中的唇音"轻重并存"现象表

汉字	客家话发音	日语音读
分	$[\text{pun}^{33}]$（白读，文读 $[\text{fun}^{33}]$）	ぶん $[\text{buN}]$ 或ふん $[\phi\text{uN}]$
腹	$[\text{pu}^\text{k}_1]$（又读 $[\text{p}^\text{h}\text{u}^\text{k}_1]$，文读 $[\text{fu}^\text{t}_1]$）	ぷく $[\text{puku}]$ 或ふく $[\phi\text{uku}]$
无	$[\text{mɒ}^{11}]$（白读，文读 $[\text{vu}^{11}]$）	む $[\text{mu}]$ 或ぶ $[\text{bu}]$

---

① 此为日式简化字，日本人叫作"略字"，本字为"轉"。

（续上表）

汉字	客家话发音	日语音读
舞	［mu³¹］（白读，文读［vu³¹］）	ぶ［bu］
忘	［piɒŋ⁵³］（又读［mɒŋ⁵³］，文读［vɒŋ⁵³］）	ぼう［bɒ:］

从表5-1可知，古汉语中有不少全浊音声母。实际上，浊音清化是唐中后期以后才逐渐出现的，它最终导致的结果就是"平分阴阳"，即古汉语的平声分化成现代汉语的阴平和阳平两类声调，这点客家话和北方话的变化基本一致。阴平，即第一声，由古清平声演变而来，如"身""高""安""心""端""庄"等字普通话和客家话都读第一声；阳平，即第二声，由古浊平声演变而来，如"文""明""从""来""平""凡"等字普通话和客家话都读第二声。

日语虽然没有声调，但保留了大量的古全浊音声母，如上表中出现的［d］［z］等，这是除吴语、老湘语等语言外大多数现代汉语方言所不具有的特征。因而，客家人在学习日语的时候，往往容易把清音的"た［ta］"误以为是送气音（清音）的［tʰa］，同时把浊音的"だ［da］"误以为是不送气音（清音）的［ta］。

实际上，在"平分阴阳"以前，汉语的平声之间亦是清浊对立的关系，就像现代日语中吴音和汉音的对立关系一样，例如在日语中，"大"字在"大学"中读作"だい［dai］"，在"大将"中读作"たい［tai］"；"地"字在"地面"中读作"じ［zi］"而在"地球"中要读作"ち［tsi］"。所不同的是，汉语声母的清浊对立会导致意思理解的不同，而日语吴音和汉音之间的对立，只是不同朝代汉语语音的残留，当归属于文白异读的范畴，也可以通俗地理解为多音字现象。

事实上，绝大多数现代汉语方言的声母之间几乎都是清音送气和不送气的对立关系，例如"你真棒"和"你真胖"；日语的声母包含很多浊音，讲究的是清音和浊音的对立。客家话里有一个唇齿浊音声母［v］，与之对

立的是同样属于唇齿音的声母［f］（清音），它们能帮助我们很好地理解清音和浊音的差别，例如在客家话中，"话"字在"电话"中读作［fa⁵³］（文读）而在单独使用时读作［va⁵³］（白读）；"会"字在"开会"中读作［fi⁵³］（文读）而在单独使用时读作［vɔi⁵⁵³］（白读）。

对比下普通话，我们知道，鼻浊音［ŋ］只能用于音节尾，谓之"后鼻音"。［ŋ］在客家话中是非常重要的声母，和日语的一样，实际都是对古汉语的继承和保留。详见下表：

客家话和日语还有共同的鼻浊音声母。日语的鼻浊音，指的是当"が行假名""がぎぐげご"出现在词中首音节以外的位置时，其声母不读［g］而要读作［ŋ］，这种读法在日本社会一度被贴上高雅、尊贵的标签，为讲究字正腔圆的老一辈新闻播音员们所长年坚持。笔者在 2007 年初访东京之时，印象特别深刻的就是电车的广播员在播报下一站信息时会将"つぎ"读成"つき°"①。

表 5 - 4　客家话和日语中的鼻浊音情况表

汉字	客家话发音	日语音读
雅	［ŋa³¹］	が［ga］或［ŋa］
疑	［ŋi¹¹］	ぎ［gi］或［ŋi］
悟	［ŋu⁵³］	ご［go］或［ŋo］
扔	［ŋe¹¹］（训读）	じょう［zjɒː］
我	［ŋo³³］（文读，白读［ŋai¹¹］）	が［ga］或［ŋa］

前面提到，客家话有个浊音声母［v］，这是普通话和日语都没有的音

---

① 日本人会用"か°き°く°け°こ°"来表示鼻浊音，但是这种写法尚未得到官方承认，正式的出版物并未采用此种写法。

素。① ［v］不是古汉语的直接保留，却和日语的［b］是一对"孪生兄弟"。为什么这么说呢？

我们知道，"文"字在日语音读中有两个音读，一个是"ぶん"［buN］，一个是"もん"［moN］，而以"文"为声符的"蚊"字的音读却只有一个"ぶん"［buN］。类似的现象也见于客家话，"文"字在客家话中读作［vun¹¹］（梅县话）或者［mun¹¹］（惠阳话），"蚊"字在客家话中不论哪里的客家方言一律读作［mun³³］。

实际上，"文"字在古汉语中的声母就是［m］，梅县话的［v］和东京话的［b］都是［m］在向［w］演变过程（［m］→［ŋ］→［v］→［w］）中的产物，这个过程叫作"脱鼻音化"。

推而及之，"马""梅"二字的音读"ば［ba］"和"ばい［bai］"，其声母［b］也是从［m］演化而来的。联想到"马"和"梅"都是从大陆传入的舶来品，我们甚至可以大胆地怀疑，这两个字的训读"うま［u ma］"和"うめ［u me］"实际都不是训读，而是比"ば［ba］""ばい［bai］"历史层次更早的音读。知道这个对应规律后，也就不难理解为何"万"字既有"まん［maN］"又有"ばん［baN］"两个音读了。

再来关注一下尖团音。所谓尖音，指的就是舌前辅音声母，古汉语的舌前音声母有［s］［ts'］［ts］［z］［dz］；团音，指的则是舌后辅音，古代的舌后音声母有［g］［k］［k'］［χ/h］［ɣ/ɦ］。这两组声母在普通话中演化成两组，分别是［ts］［tsh］［s］和［k］［kh］［h］。

但是，当它们与带［i］［y］的韵母（即音韵学上说的齐齿呼和撮口呼）相拼时全都腭化变为舌面辅音［tɕ］［tɕʰ］［ɕ］，失去了"尖音"与"团音"的区别——这是普通话。客家话没有撮口呼，但和日语一样，尖团分明，这就使得客家人在学习日语汉字音时，有着天然的优势，如

089

---

① ［v］在战后也被引入当代日语中，日本人用带浊音点的"ウ"即"ヴ"来表示，但这个音素对于大多数日本人来说依然是比较拗口的，所以即便"越南"已经可以拼写为"ヴェトナム［vetonamu］"，但大多数日本人还是习惯说"ベトナム［betonamu］"。

"家""加""佳"等字在客家话和日语中的声母都是[k]。其他字例见下表：

表 5－5　客家话和日语中的尖团音情况表

汉字	普通话	客家话	日语音读
精、京	[tɕiŋ⁵⁵]	[tsin 33]、[kin³³]	せい[sei]、けい[kei]／きょう[kjɒ:]／きん[kin]
聚、具	[tɕy⁵¹]	[tsʰi⁵³]、[kʰi⁵³]	しゅ[sju]、く[ku]
新、欣	[ɕin⁵⁵]	[sin³³]、[ɕiun³³]	しん[siN]、きん[kiN]

我们再来看看韵尾。在现代日语中，[m][n][ŋ]这三个鼻音韵尾固然存在，但彼此之间没有互相区分意思的功能，加之假名属音节文字，日本人统一用"ん（ン）"来表示，谓之拨音。反观客家话中，[m][n][ŋ]这三个音素是起到严格区分意思的作用的，例如"咸"读作[ham¹¹]，"闲"读作[han¹¹]，"行"读作[haŋ¹¹]，这三个字对应的日语发音分别是"かん[kaN]""かん[kaN]"和"こう[kɔ:]"。因而，客家人在学习日语拨音时，难免会感到困惑，不知道"ん（ン）"到底该如何发音。实际上，只要我们稍作整理，便不难发现两者之间的对应规律：

（1）收音[m]：拨音化：如"三""南""堪"现在分别读作"さん[saN]""なん[naN]""かん[kaN]"。然就历史发展而言，在 14 世纪以前，这几个字的振假名（注音假名）分别是"サム[samu]""ナム[namu]""カム[kamu]"，和客家话的发音十分接近（分别是[sʌm³³][kʰʌm³³]）。也就是说，[m]韵尾汉字的拨音化是室町时代以后才逐渐完成的；

（2）收音[n]：拨音化：如"山""难""看"现在分别读作"さん""なん""かん"，和上例中的一样；

（3）收音［ŋ］：①长音化：如"商""经""抗"现代分别读作"しょう［sjoː］""けい［kɛː］""こう［koː］"——"う"和"い"在此相当于长音符号（片假名作"—"）；②拨音化（极个别字）：如"馕"读作"ナン"——从片假名表示可知，"馕"这个词属于比较晚近才吸收进来的外来语词。

以上是鼻音韵尾的情况。值得注意的是，在日语中，拨音"ん（ン）"不能单独发音，也不能充当声母，当后续的是"ば行"或"ぱ行"假名时，"ん（ン）"的实际音值是［m］。因而，"南方"的实际发音是［nampoː］，"日本桥"（车站名）的拉丁文（日韩惯称"罗马字"）惯作 Nihombashi 而不是 Nihonbashi。

再来看一下入声韵尾。我们知道，平上去入是古汉语的四声。四声问题一开始让不少博学多才的人都感到困惑。唐代日本高僧空海所著之《文镜秘府论·天卷·四声论》便有载曰："（梁王萧衍）尝纵容谓中领军朱异曰：'何者名为四声？'异答云：'天子万福，即是四声。'衍谓异：'天子寿考，岂不是四声也？'""博洽通识"的梁武帝竟然也对四声的概念"不能辨之"，无怪乎"时人咸美朱异之能言，叹萧主之不悟"了。

实际上，用释真空的《玉钥匙歌诀》就可以很好地将四声区别开来："平声平道莫低昂，上声高呼呼烈强，去声分明哀远道，入声短促急收藏。""短促"和"急"说明入声具有简短、急促的特点；"收藏"说明入声是暗藏韵尾的一种闭音节（包括－p，－t，－k 三类。值得注意的是，入声有"入声调"和"入声韵"的区别。前者指的是调类，后者指的是音节结构。入声调是入声韵的必要不充分条件。有的汉语方言虽然也有入声，但不像客家话一样－p，－t，－k 三类俱全，而仅保留了其中 2 类或者 1 类而已，抑或全都归为喉塞音－ʔ了）。

表5-6　入声在客家话和日语中的保留情况表

汉字	客家话	日语	英文谐音	片假名音译
集	[si$_5^p$]	じゅう［zjuː］	sip［sip］	シップ［sippu］
食	[se$_5^t$]	しょく［ʃɒku］	set［set］	セット［setto］
石	[sʌ$_5^k$]	せき［seki］	suck［sʌk］	サック［sakku］

从上表可以明显地看出，客家话和英语的发音相似，莫不短促有力。不同之处仅在于汉语入声的尾音塞而不破，而英语的尾音塞而破之。而日语的发音反而和普通话的音译比较接近，因为日语和普通话均为开音节的语言，除鼻音外没有闭音节。然而，普通话没有入声，而入声在日语中既有保留，又有嬗变，从这点意义上说，又和客家话比较接近。

入声在日语中具体的传承与嬗变情况如下：

（1）-p类（唇内入声）：①促音（喉塞音）化（仅限于词语中）：如"杂"字在"雑貨"中读作"ざっ"，小字号的"っ"相当于喉塞音-ʔ，在日语中占据"一拍"的时长；②长音化：如"杂"字在"雑巾"一词中读作"ぞう"，"う"在此相当于长音符号；③变成以"つ"收尾的双音节：如"杂"字在"複雑"中读作"ざつ"；

（2）-t类（舌内入声）：①促音化（仅限于词语中）：如"一"字在"一个"中读作"いっ"；②变成以"ち"或"つ"收尾的双音节：如"一"字在"一番"中读作"いち"，在"统一"中读作"いつ"——"ち"和"つ"都属于"た行"假名，前一个在"い段"上，后一个在"う段"上；

（3）-k类（喉内入声）：①促音化（仅限于词语中）：如"直"字在"直行"中读作"ちょっ"；②变成以"き"或"く"收尾的双音节：如"直"字在"直接"中读作"ちょく"，在"正直"中读作"じき"——き和く都属于"か行"假名，前一个在"い段"上，后一个在"う段"上。

通过以上讨论可知，－k 入声字和－t 入声字，依然清晰可见收音
［k］和［t］的痕迹，只不过它们从原先的辅音韵尾变成了第二个音节的
声母——这和日语与生俱来的开音节属性不无关系。比较复杂的是唇内入
声，根据辨义形态理论，伴随［m］的消失，不论是促音化、长音化还是
双音节化后的－p 入声字，都不复再现收音［p］的踪影①。然就日语语音
发展史而言，在－m 韵尾字都还用"ム"［mu］表示的时代（室町以前），
－p 入声都不是用长音符号表示的，如"蝶"的振假名是"てふ
［teɸu］"，这个"ふ"历史上也曾读作［pu］，后来才加半浊音点作
"ぷ"——当然，近代国语运动以前，日语的"言"与"文"是很不一致
的，明明写的是"てふ"，却要读作"ちょう［tʃɔ:］"，不过这是题外话
了，在此不予过多展开。

这里需要补充说明的是，部分－k 入声的字如上表中出现的"食"，其
韵尾伴随主元音的改变，都无可挽回地－t 入声化了，再有"忆"这个字
的客家话发音是［i˥］而日语的发音是"おく"［oku］——这一变化是在
"朱熹时代"即 12 世纪时完成的②。这也恰好说明，就音韵层面而言，客
家话保留的更多的是宋代北方中原汉语的特色，而日语更多是受到唐代中
原汉语的影响。所以，尽管两者都是"古汉语的活化石"，但在历史层次
上存在一定差别。

综上所述，我们看到，由于入声保留完好，客家话母语者在学习日语
时不仅能快速地掌握促音，还能依据韵尾准确地判断入声字在日语中的发
音，触类旁通、事半功倍。

---

① 这点在客家话中也能得到验证，最典型的就是在兴宁方言中，由于［m］韵尾的消失，
［p］韵尾也不复存在。其中原本以［m］收音的字统一变为［ŋ］，所以"三"字梅县话读作
［sam³³］而兴宁话读作［saŋ³³］；原本以［p］收音的字则统一变为［k］，例如"集"字梅县话
读作［siɪ̆］而兴宁话读作［tsʰjuɪ̆］。

② 王力：《汉语语音史》，北京：商务印书馆，2010 年，第 346 页。

二、词汇层面

客家话和日语都大量继承了中古汉语词（日语的都是训读，主要看汉字），和北方话表现出很大的不同，很多普通话仅用于书面语的词大量出现在客家话和日语的口语中。具体来看：

表 5 - 7　客家话和日语中的古汉语名词表

客家话	日语	普通话
面	颜	脸
目珠/眼珠	目	眼睛
颈茎/颈	首	脖子
胁下	脇	腋下
翼	翼	翅膀
卵/鸡卵	卵/鶏卵	鸡蛋
屋家	家屋/家	家
样相	様相	样子
先生	先生	医生/老师/律师

表 5 - 7 中尤为值得一提的是"先生"一词，客家话读作 $[\text{sien}^{33} \text{san}^{33}]$，专门用在教师、医生、律师等三类社会地位较高、比较受人尊敬的职业人身上，而且不分男女，在用法上和日语的"先生"基本一样。所不同的地方在于，客家话的"先生"多用在姓氏之后，而且会连音化读成 $[\text{sian}^{33}]$。

在对一般人敬称的情况下，客家话和日语都是用"生"（即"さん $[\text{saN}]$"）来表示，其实这也是承自古汉语，见《论衡·语增》："诸生不师今而学古。"古语的"生"，本来是对读书人的敬称。客家社会崇文重教，后将"生"的使用范围扩大到所有男性上。

客家话的"生"和日语的"さん"虽然系出同源，发音一样，但是在用法上有所不同：客家话的"生"仅用在男性姓名之后，如"王生""李生"，表示一般性的敬称；日语的"さん"不论男女老幼皆可使用，而且允许用在姓氏或者名字之后。更为特别的是，日语的"さん"还可以用于店铺，如"本屋さん"，这是客家话的"生"所不具有的功能。

与之类似的是应答用语。众所周知，日本人习惯用"はい"［hai］来表示肯定、应答。这个"はい"其实和客家话的"係［he⁵³］"系出同源，来自古白话，实乃"实係此人"的"係"，相当于普通话的"是"，在闽南话、潮汕话以及粤语中同样存在，只是各自的发音有所不同。

再有，客家地区和日本都有不少受佛教影响而产生的词汇。例如，客家人喜欢用"罪过"① 表示可怜；日本人喜欢说"挨拶"，表示问答应酬，引指日常寒暄。

动词和形容词方面，客家话和日语动词的存古度也都很高，很多普通话仅用于书面语的动词、形容词同样大量出现在客家人的口语中。多数词汇的用法，客家话和日语一样，因为直接传承自古汉语，在用法上保持一致。例如"寒"在客家话和日语中形容的都是人体对外界温度或他人态度的反应，而"冷"所形容的一般都是物体本身的温度或者他人的态度。

表5-8 客家话和日语中的古汉语动词、形容词表

客家话	日语	普通话
行	行く	走
莳	莳く	播种
着	着る②	穿
啮	嚙む	咬

---

① "罪"在客家话中有文白两读，在此读作 cōi 而非 cuì。

② 注意，客家话的"着"可用于鞋类，日语只能用"履"，两者的使用范围不尽相同。

（续上表）

客家话	日语	普通话
食	食べる	吃
寒	寒い	冷
冷	冷たい	冷/凉
赤	赤い	红
岖	険しい	陡
乐	楽しい	开心

由上可知，大量共通的古汉语词汇，是客家话母语者学习日语时的先天优势，也是何如璋、黄遵宪等人当年更容易和日本的文人、政客进行笔谈且笔谈的准确率更高的重要原因。不过，值得关注的是，由于普通话的普及，上表中的一些词在现代客语中已经出现了"摇摆"甚至"替换"现象，例如在年轻人的口语中早已出现了"寒""冷"不分的情况。

三、语法层面

传统观点认为，客家话是典型的孤立语，日语是典型的黏着语，两者在语法上似乎没有什么交集，其实不然。

首先，客家话作为现代汉语大家庭的一员，特别是作为"古汉语的活化石"，大体上归属于孤立语，这个判断是没有大问题的。具体而言，一是客家话没有词形变化，无论是时态表现还是名词单复数，只能通过添加特定的、独立的单词来表示，如"去矣"之于"去"（对比英语的 went 之于 go）；"做毕"之于"做"（对比 done 之于 do）；"佢等"之于"佢"（对比 they 和 them 之于 he 和 him）；二是词序严格，如"我声汝知"与"汝声我知"所表达的是截然相反的意思；三是词性灵活，名词当动词用，动词当形容词用的例子比比皆是。比如"魂"是名词，但在客家话中也是个动词，表示"发呆"，因为人在发呆的时候"魂不守舍"；"饼"是名

词，在客家话中也是个量词，形容饼状物，如"一饼面"；"诘""刹"皆
为动词，但在客家话中也可以是名词、形容词，用"无诘无刹"表示无可
奈何、无能为力。词性的转换不会反映在形态上，只能通过上下文的脉络
来判断，这正是孤立语的典型特征之一。

其次，我们也应该看到，客家话具有若干黏着语的成分。例如：
①"亐"［a⁵³］：在客家话中频繁出现，不可单独使用，相当于"于"，只
能接在动词、形容词之后，含义广泛，如在"行亐路上"中表示场所或目
的，在"行亐去"中表示方法、手段，在"靓亐毕"中表示程度等；
②"便"［pʰien⁵³］：置于动词之后，表示"事先做好……以便……"，如
"暖便水来洗身（先把水烧开，等一下想洗澡了才方便）"。客家话的"动
词＋便"相当于日语的"V＋ておく"；③"话"［va⁵³］：表示对他人讲话
内容的引用或强调，相当于日语的"って"，如"三及第话（他说他想喝
三及第汤）"。

综上讨论，我们大概了解了客家话和日语在音韵、词汇以及语法方面
存在的若干共通之处。这些共通之处的存在，为客家人学习日语，和日本
人学习客家话提供了极大的便利条件。客家话和日语之间之所以存在如此
多的交集，主要是因为两者都在很大程度上保留了古汉语的缘故——有些
尽管发生了嬗变，但依然可见古汉语的痕迹和彼此的对应规律。

第二节　客家和日本的饮食文化

乍一看，客家和日本的饮食文化是截然相反的。客家人偏爱熟食，日
本人嗜好生食；客家人喜欢热饮，日本人偏好冷饮；客家菜肴多油重盐，
日本料理清汤寡水。然而，深入对比一下，我们就会发现，客家饮食和日
本饮食之间还是存在某些共性的，甚至还有不少共同的来源。本节，笔者
将从"饮"和"食"两个层面，探讨客家和日本饮食文化的若干问题。

一、饮

以茶为例，众所周知，中日两国皆有饮茶的传统。中国作为茶的原产国和茶文化的发祥地，自古以来就在国际上享有盛名；日本虽不产茶，但是日本的茶道也是名声在外。可以说，日本的茶文化既源于中国又异于中国，因为中国的茶文化是一种亲民的士大夫文化，而日本的茶文化是一种佛家色彩浓厚的贵族文化。①

客家文化学者、"秋歌三茶"的创始人张汉秋先生对中国茶史的发展有着十分精辟的概括——"唐煮宋点明泡"。也就是说，中国人的饮茶方式，经历了唐朝的煮茶、宋朝的点茶和明朝的泡茶三大历史阶段，现当代中国人饮茶，依然以明朝兴起的冲泡茶为绝对的主流。反观日本的茶道，则止于"宋点"，即是说，日本的茶道几乎未受"明泡"的影响②，保留的都是唐宋时期的饮用方式，并且和佛家思想和礼仪密不可分。

现在提到日本茶，马上浮现在广大读者朋友们脑海中的想必是"抹茶"。抹茶本身味道如何可能很多人说不上来，但要说抹茶蛋糕、抹茶咖啡是怎样的，相信大多数人都能够娓娓道来。实际上，日本的"抹茶"就是"末茶"，其外观颜色及饮用方式与客家人的擂茶（别称三生汤、咸茶等）十分相似，两者皆传承自古代中原的饮食文化，皆可以上溯到唐代的"庵茶"。

根据"茶圣"陆羽经典之作《茶经》的记载，唐朝时人们"饮有粗茶、散茶、末茶、饼茶者。乃斫、乃熬、乃炀、乃舂，贮于瓶缶之中，以汤沃焉，谓之庵茶。或用葱、姜、枣、橘皮、茱萸、薄荷之属煮之百沸，

---

① 或许是为了突出茶道的贵族气息，"茶"字唯独在"茶道"相关的词汇中读作"さ"，其他情况下一律读作"ちゃ"。

② 明洪武二十四年（1391）10 月，朱元璋下令要求废除饼茶改贡叶茶，此后中国茶风大变，中原地区上至皇亲国戚，下至黎民百姓，纷纷改用"撮泡"的方式饮茶，最终这种饮茶方式也波及客家地区，成为客家茶饮的主流。但与此同时，客家人也保留了更加传统的饮茶方式，这就是擂茶。

或扬令滑，或煮去沫，斯沟渠间弃水耳，而习俗不已"。因此，"庵茶"与其说是用来"饮"的，毋宁说是用来"食"的，因为烹煮茶叶的同时还要加点姜、葱、盐、枣等配料研之吞之，就像今天的客家擂茶一样。

　　站在古代中原文化的角度，客家人和日本人都生活在相对偏远的边远地带，较少受到外界的干扰。正因为地处僻野之故，反倒能较好地保留最本初的饮茶方式，正所谓"礼失求诸野"，茶道失之亦然。实际上，在客家话和日语中，"喝茶"既可以说是"饮茶"，也可以说"食（吃）茶"①，这绝不仅仅是单纯的巧合而已。

　　擂茶在客家地区流行久矣，今福建省的宁化②、将乐、泰宁，江西省的于都、瑞金、石城，广东省的陆河、揭西、五华、丰顺以及台湾省的桃园、新竹、花莲、东势（台中）、美浓（高雄）等地都是有名的擂茶之乡。不仅如此，各地还发展出颇具特色的擂茶文化，例如在广东陆河，每逢正月初七"人日"即为当地的"开茶日"，和梅县人、潮汕人炒"七样菜"吃不同的是，陆河人会把七样菜混一起擂成"七样菜茶"，和日本人元月七日吃的"七草粥"同源异流、异曲同工；在海丰地区，老百姓家一旦有喜事，必定大摆擂茶宴（当地称为"咸菜宴"），庆祝新婚的，先用"定头茶"再请"订婚茶"；如果是祝贺家人痊愈出院的，则曰之"过运茶"，寓示时来运转，从此家人身体健康、平安无虞。可以说，擂茶已经渗透到客家人日常生活的方方面面，像"擂茶席"是不少地方的客家人婚嫁寿诞、节日庆典最不可或缺的宴饮形式，像"茶粥""茶饭"则是广东云浮、英德客家地区每天白天必备的主食。

　　制作擂茶的工具，主要是擂槌和擂钵（别称牙钵）。其中，擂槌是一种形同擀面杖的木棍，一般选用质地坚硬的树枝如油茶树、樟木或楠木做成，长约三尺，上细下圆，便于来回研磨；擂钵则是内壁粗（一般有横条

---

　　① "喝茶"的日语是"お茶を飲む"或"喫茶"，"喫"即"吃"。
　　② 考古发现，福建"客家祖地"早在唐代就出现了大规模的专制擂钵的陶窑，现在石壁一带的部分客家妇女出门仍然喜欢随身携带吃擂茶用的银勺，以便在亲朋好友家享用擂茶。

或网格状纹理）的阔嘴陶器。简易的擂茶制作方法是把茶叶放进擂钵，稍事润湿之后，便用擂槌把它擂成浆状，再加少许食盐，冲入开水即可饮用，称为"盐水茶"或"咸茶"，这种擂茶一般为家庭日常自用，极少拿来招呼客人。

客家人待客之擂茶则比较重视配料的选择和搭配。要将做好的盐水茶盛在碗里，撒上炒油麻或炒米（爆花米）或炒花生米，便成"油麻茶""炒米茶""花生茶"。若再加上熟饭、熟豆，则叫"饭茶"，这种擂茶在陆河、揭西一带的客家地区较为流行。油麻茶有两种：一种炒熟，另一种把生油麻混于茶叶中在牙钵擂成。炒米茶也有两种：一种用上好的油尖米蒸熟晒干炒成，另一种用赤谷煮熟晒干去壳椿白（即脱皮）炒成，叫"炒粟米"。

除花生米、芝麻等配料外，客家人擂茶时还喜欢加进青草药，如积雪草、金钱草、紫苏、野菊花、马兰、鱼腥草等，这种擂茶主要针对人体的一些不适症状而擂制，起到治病保健作用。

客家地区平日食擂茶每天分两次，分别在上午10时和下午4时左右。在广东省海陆丰地区，有竹枝词云："辰时餐饭已餐茶，牙钵擂来响几家。厚薄人情何处见？看佢落几多芝麻。"人们习惯称此时辰为"食茶宴"，常用来作约会亲朋好友的时间代名词。传统社会中，擂茶是客家人招待客人的重要食物，客人一到，即捧上擂茶招呼客人，客人吃得越多，主人越高兴。

在客都梅州，擂茶以前主要在五华、兴宁、丰顺等县的山区流行。喜人的是，随着改革开放四十多年来各地客家的深入交流和近年全域旅游观念的兴起，特别是在张汉秋先生的大力推动和宣扬下，擂茶在梅州市区也逐渐得到复兴，游客来到梅州各主要景区后不仅可以亲身体验制作、研磨擂茶的乐趣，还可以品尝到用擂茶制成的各式各样美味的客家小吃，如颇具特色的擂茶发粄。

受大时代和周边环境的影响，除擂茶外，客家人平时喝得最多的是冲泡茶，其中又以绿茶和乌龙茶为主流，这是因为客家菜重油盐、多肉食，而绿茶和乌龙茶都能比较好地起到去油减脂的作用，并且香气十足，饮之既有助消化又能提神醒脑。

客家人饮用绿茶、乌龙茶的方式，明显受到了闽南人、潮汕人的影响，但又简化得多，和要求烦琐的日本茶道更没有可比性，毕竟客家人饮茶讲究的是轻松、热闹，而日本茶道讲究的是"和敬清寂"，要求肃穆、庄严，两者全然不同。诚如学者江俐所言："客家茶文化是一种平民文化，品茶时不必太注重环境和步骤，细节处不拘小节。"① 反观日本的茶道，无论对环境、着装还是礼仪等，都有着十分严格的要求，它看起来更像是一场有钱有闲人士修炼身心的活动或者说高雅的表演。实际上，茶道对于日本的普罗大众而言是有很大的距离感的，日本人日常喝茶以"三得利""伊藤园""新佑卫门"等品牌无糖的茶饮料为主，工薪阶层喝咖啡的人数远多于喝茶的。

二、食

前文提到，客家人喜欢熟食多些。诚然，"咸香烧②肥香熟"是传统客家菜的特点，大多数客家人忌讳吃生冷的食物，但凡事皆有例外。客家人对鱼生（即生鱼片）的喜爱，就是其中的典型。

提起鱼生，可能读者朋友马上联想到日本料理的刺身。因为刺身多为生鱼片，所以不少人以为鱼生即刺身，刺身即鱼生。但实际上，鱼生和刺身还是有差别的，其中最大的不同就是客家鱼生的原料多是产自江河湖泊的淡水鱼，而日本刺身的含义较广，凡是适宜生吃、容易细切成片的鱼、虾、蟹、贝类甚至某些兽类的肉都可以算作刺身。

相对日本刺身，鱼生的历史更为悠久。根据文献的记载，中国人吃鱼

① 江俐：《浅析客家与日本茶文化的区别》，《群文天地》2012 年第 11 期，第 17 页。
② 热的意思。

生的历史至少可以追溯到秦汉时期，只不过那时还没有"鱼生"的说法，而是称之为"脍"——异体作"鲙"，这个词为韩语所继承，韩文作"생선회"，亦即汉字的"生鲜脍"。

简言之，"脍"就是将鱼肉细切成片后再进食的一种方法。正所谓"不得其酱不食"（见《论语·乡党》）——"脍"的时候没有酱料可不行。而且，什么时候用什么酱料，古人也颇为讲究，如《礼记》就说："脍，春用葱，秋用芥。"

"脍"字在涉及饮食记录的古文、诗歌中频频出现，这说明鱼生曾经在古代中国人特别是上流社会的餐桌上流行。如《诗经》"饮御诸友，庖鳖脍鲤"描述的是周朝大将、"中华诗祖"尹吉甫私人宴请贵客时吃鱼生（鲤鱼丝）的场景；西汉时的"鲜鲤之脍"则是专供贵族享用的美味；唐代诗仙李白更有诗云："霜落荆门江树空，布帆无恙挂秋风。此行不为鲈鱼鲙，自爱名山入剡中。"南宋诗人陆游亦曾赞叹道："人间定无可意，怎换得、玉鲙丝莼？"

根据清代蕉岭地方史料《石窟一征》的记载："俗好食鱼生……吾乡所脍皆鲩鱼（即草鱼），鲢鱼亦偶脍之。"可见，早在清代，鱼生在梅州就已经非常流行了。

客家鱼生通常选用赤眼（红眼鳟鱼）、草鱼、罗非鱼、石鲣鱼、花鱼、鲤鱼、鲢鱼、鲫鱼等较为常见的几种淡水鱼制作。为保障食品安全，客家人首先对活鱼的生长环境有较高的要求，尽可能选择那些在流动的清水中长大的鱼种，其中赤眼、花鱼、罗非鱼、石鲣鱼因为肉质较为鲜美，极具人气。

据介绍，五华鱼生的制作大概分以下五个步骤：

第一步是选鱼和清洗。一般而言，在无污染的活水中长大、重3斤左右（太重的话肉感偏老，太轻的话则不好"细片"）、带鳞的淡水鱼都可以选来制作鱼生。但鱼捕捞起来后不宜马上宰杀，而应该先清洗掉其身上的污泥，然后把鱼转移至清水中静养数日，待鱼里里外外都变得干净后再作处理。

第二步是"迟鱼"。客家人称"宰杀"为"迟"（出自古语"凌迟"），所以"迟鱼"就是杀鱼的意思。去掉鳞片后即开膛剖腹，除其内脏（切忌弄破鱼胆），取其两侧最为丰实的肉，然后去皮、剔骨，最后揩干血水。

第三步是片鱼。所谓"食不厌精，脍不厌细"，鱼肉取出来后接下来就进入"细片"的环节。技艺高超的厨师片出来的生鱼片几乎每一片都薄如纸片、晶莹剔透。值得注意的是，片鱼的刀是"专刀专用"的，切忌拿"迟鱼刀"来片鱼，否则不太卫生。如果是在夏天片鱼，那么刀具最好先冰镇过后再使用。片的时候，厨师手掌的温度也要注意，最好先"冷却"一下，这样做是为避免在片的过程中鱼肉受刀、人手等外界热量的影响而发生微妙的"质变"，从而影响口感。

第四步是晾干。鱼肉片好后，还需装放在筛子上进行晾晒，直至水分沥干。

第五步准备酱料和配菜。吃鱼生，蒜蓉醋（用米醋而非陈醋或醋精制成）、花生油是必不可少的，还可以准备一些辣椒。鱼生的配料十分丰富，通常有葱白、生姜丝、尖椒、紫苏、薄荷叶、盐炒花生米、腌蒜头、炒黄豆等近十种。

吃五华鱼生的时候，一定要先将生鱼片放入蒜蓉醋中浸泡一下，这样做既可以使鱼生更加"入味"，也能起到一定的杀菌消毒作用——至少在心理上让人感觉更加放心。等待数分钟后，用筷子将鱼生夹起，放入花生油中过一遍，再蘸点酱料、芥末，佐以自己喜好的配菜。

梅州人认为，吃五华鱼生一定要配高浓度的白酒，这样吃起来才更加爽快，也能起到所谓"杀菌消毒"的作用，而吃日本的刺身，则似乎对酒没有过多的要求。值得一提的是，最近十年，在梅州流行用五华鱼生的吃法吃日本的三文鱼，这种吃法别有一番风味，这也算是客家饮食文化与日本饮食文化两相融合的创新之举。

第三节　客家文化和日本文化的宏观比较

客家文化是中华文化的重要组成部分，客家人的核心信仰是祖先崇拜，其原型是远古社会的男性生殖崇拜。传统上，客家人祭祖、扫墓（客家话叫作"敬祖公""挂纸"或"酾地"）多在春节、元宵或中秋、国庆期间举办。尽管各地、各个家族的祭扫时间各异，但都不约而同地选择在人多热闹的时候进行，而极少过清明节这样冷清的节日。在人多热闹的时候祭扫，既能让祖先、长辈觉得有面子，也能趁机展现本族本姓庞大的人口和雄厚的财力，以便在本乡本土获得更多的尊重和更崇高的社会政治地位——这是客家人（确切地说是家族）选择在重大喜庆节日祭扫的根本原因。除此之外，当然也有"喜上加喜"，让祖先看到后辈的繁荣、祈求祖先继续保佑后辈身体健康、平安，事业有成等美好心意在里头。

说到底，一方面，客家人喜欢热闹而日本人惯于冷清。另一方面，客家人普遍信奉"多子多福"。反观日本人，对于生儿育女，更多是采取顺其自然的态度，似乎并没有特别的执念。尤其是在"二战"以后，伴随经济的高度成长和社会福利的充分保障，有越来越多的日本人选择晚婚晚育甚至不婚，日本全国生育率持续低迷，用他们自己的话说就是"少子高龄化"愈发严重。

客家人崇先敬祖的一个重要原因是客家的姓氏源远流长，尽管现在绝大多数客家人不再居住在围龙屋、土楼这样传统的集体住宅里，但几乎每个家庭都保存有一份族谱。成年后的客家人，或多或少都知道自己是几辈几世，至少知道自己姓氏对应的堂号是什么。反观日本人，由于普通老百姓获得姓氏的历史很短，所以在日本普通人家的家里，几乎没有族谱一说。除非本身是历史上的名门望族，普通日本人对于祖先的认识，顶多到曾祖这一辈，再往上就无从追溯了。也就是说，日本人对自身家庭的"追本溯源"没有特别的兴趣，所以对祖先也没有什么特别的概念——这点正是古代朝鲜人鄙视日本的一大原因。从根本上说，祖先崇拜在日本发展不起来是因为日本是个四面环海的岛国，海上自不必说，即便是生活在陆地上，日本列岛同样危机四伏，地震、台风等自然灾害可谓是家常便饭。生活生命的众多不确定性，造就了鬼神信仰的发达。在日本，人们自古坚信万物有灵，个人的健康、恋爱、事业发展等皆由鬼神所掌控而不是靠祖先所庇佑。所以，在日本有各种各样的神社，凡逝去的生命皆可成佛成神，都受到当地人的敬拜。

　　从家族形态上说，客家人喜欢聚族而居而日本人惯于独处。这点从两者的亲属称谓对比便可轻易发现。我们知道，客家话和其他汉语方言一样，严格区分男女双方的血亲和姻亲，有的不仅有面称，还有背称①；有的不仅有一般性的称谓，还有讳称②。日语没有这么复杂，但凡非亲生兄弟姊妹，不论堂表，一律称为"いとこ"——只有在文字表述的时候，才会用汉字作"従兄弟、従姉妹、従兄、従弟、従姉、従妹"等区分。换言之，"従兄弟、従姉妹、従兄、従弟、従姉、従妹"等不同的汉字词在日语中统一一个读音，一律训读作"いとこ"。至于叔叔、伯伯、大舅、小舅，也全都统一称作"おじさん"，其余亦然。

　　再从观念来看，无论从客家语言抑或民俗来说，重男轻女是客家社会千百年来积累的传统观念，直到独生子女政策出台后才有所改变。受中国传统文化和生存环境影响，日本传统社会同样奉行"男尊女卑""男主外女主内"的法则。直至今日，日本的女性婚后仍然必须改从夫姓，"夫妇别姓"问题近几十年来在日本社会争论得不可开交，但相关法律依然没有得到改变。反观客家女性，自古以来就是家庭不可或缺的重要劳动力，客家妇女历来有"四头四尾（美）"的美誉，即田头地尾（农活）、灶头镬

---

① 　例如客家媳妇面称公公婆婆为"阿爸阿嫲"，与丈夫保持一致；背称则为"家官家娘"。

② 　例如有的梅县人管母亲叫"阿伯"，已故爱国商人、"领带大王"曾宪梓先生便是如此。

头（厨艺）、家头窖尾（家务）、针头线尾（女工）样样都精通，近乎完美（"尾"和"美"在客家话中是一组同音字）。日本妇女当然也基本主内，但是她们的家庭地位、社会地位和她们的付出完全不对等。不少日本女性结婚后不得不放弃固定工作，变身为全职太太，一边悉心照顾家庭、相夫教子，一边在住家附近的超市或便利店打散工。这点相比较来说，客家妇女显得自由许多。我们知道，中华人民共和国成立以后，妇女的法律地位有了更多的保障，这对于本身就有"妇女能顶半边天"传统的客家地区来说更是进一步地提升了妇女的家庭和社会地位。

以类型而论，客家文化是典型的"稳中求进型文化"，而日本文化是典型的"进中求稳型文化"。从根本上说，这是两者长期以来的历史经验和生存环境所共同造成的。历史上的客家先民，为躲避战乱而数次南迁。客家先民的南迁，不是自愿的，也不是一蹴而就的。但凡所迁徙之处足够安全、稳定，客家人也不会进一步南移。在普通客家人心里，追求的是"小富即安""知足常乐"，所以客家人对于现状还是比较容易满足的，这倒不是说客家人不思进取，而是奋斗到一定程度，达到小康水平的生活普遍就不再愿意继续前进了，这与客家人深受农耕生活和儒家文化熏陶，崇尚"中庸之道"的精神内核不无关系。

反观日本人，由于整体恶劣的生活环境和贫瘠的自然禀赋，古代的日本人所能想到的最简单粗暴的方式就是向外扩张进取。直到"二战"失败，日本才意识到，唯有科技立国，才能从根本上解决日本列岛发展的困境。从军事转向科技，日本人对外"扩张进取"的形式和内容都变了，就是要一直站在前沿、不断追求顶尖。对于传统的思想、文化，日本人决不会轻易放弃，但也不会让它成为社会进步的阻力。日本人会想办法给所有的优良传统文化腾出一个空间，给予它一定的社会地位和经济保障，让它成为一种象征性的精神符号，逐步分离其社会实用性与文化象征性，最终让后者成为传统文化存在的唯一意义，完美地解决新旧文化的冲突。

参考文献

［1］［日］奥川樱丰彦著，罗鑫译：《跨越 43 年的客乡之旅——粤台客家见闻录》，《客家研究辑刊》2019 年第 1 期，第 109－121 页。

［2］［日］饭岛典子著，罗鑫译：《近代客家社会的形成：在"他称"与"自称"之间》，广州：暨南大学出版社，2015 年。

［3］［日］村田雄二郎、［法］柯理思：《漢字圏の近代—ことばと国家》，东京：东京大学出版会，2005 年。

［4］［日］河合洋尚主编：《日本客家研究的视角与方法：百年的轨迹》，北京：社会科学文献出版社，2013 年。

［5］（清）何如璋、王韬：《使东述略　扶桑游记》，北京：中国旅游出版社，2016 年。

［6］［日］黑田悦子：《朝日選書516 民族の出会うかたち》，东京：朝日新闻社，1994 年。

［7］（清）黄遵宪：《日本国志》，上海：上海古籍出版社，2001 年。

［8］黄升仕：《黄遵宪评传》，南京：南京大学出版社，2006 年。

［9］［日］根津清：《客家—最強の華僑集団—ルーツ・パワー・ネットワークの秘密》，东京：钻石社，1994 年。

［10］［日］冈本隆司、箱田惠子、青山治世编：《出使日記の時代—清代の中国と外交》，名古屋：名古屋大学出版会，2014 年。

［11］［日］甘粕正：《客家大富豪の教え—「18の金言」に学ぶ、真の幸せをつかむ方法》，东京：PHP 研究所，2011 年。

[12]［日］濑川昌久、饭岛典子编著：《客家の創生と再創生—歴史と空間からの総合的再検討》，东京：风响社，2012 年。

[13] 罗鑫：《客家人移民日本的历史人类学研究》，《嘉应学院学报》（哲学社会科学版）2014 年第 4 期，第 10－15 页。

[14] 罗鑫：《日本客家印象形成的历史回顾》，《嘉应学院学报》（哲学社会科学版）2016 年第 7 期，第 24－30 页。

[15] 罗鑫：《跨越三个世纪的认知之路——日本客家研究的过去、现状及趋势》，《嘉应学院学报》（哲学社会科学版）2020 年第 4 期，第 14－19 页。

[16] 罗鑫：《客家话概说》，广州：暨南大学出版社，2019 年。

[17] 罗鑫：《朝·昼·夜——客都饮食、语言与民间故事》，广州：暨南大学出版社，2022 年。

[18] 林振武等编：《黄遵宪年谱长编》，北京：中华书局，2019 年。

[19] 李晓霞：《基于统计数据的日本关于客家研究现状分析》，《龙岩学院学报》2019 年第 1 期，第 14－19 页。

[20]［日］松本一男：《客家パワ—中国と東南アジアを動かす》，东京：サイマル出版会，1995 年。

[21]［日］小川恒男：《"近代"前夜の詩人—黄遵憲》，广岛：广岛大学出版会，2008 年。

[22]［日］西村祐子：《革をつくる人びと—被差別部落、客家、ムスリム、ユダヤ人たちと「革の道」》，大阪：解放出版社，2017 年。

[23]［日］绪方修：《客家见闻录》，东京：现代书店，1998 年。

[24]［日］绪方修：《世界客家大会を行く》，东京：现代书店，2002 年。

[25] 周子秋：《日本客家述略》，东京：日本关东崇正会出版，2015 年。

108

后　记

　　2022 年是个多事之秋，发生了很多意想不到的事情，令人倍感失望与愤懑。于个人而言，7 月 23 日下午，我最亲爱的外婆撒手人寰，驾鹤西去了。

　　外婆祖籍潮汕，生于 1931 年，享年 92 岁，一生饱经风霜。20 世纪 30 年代末，家乡沦陷，许多潮汕人为"走日本"① 而纷纷涌向相对安全的客家山区，老人家因此过的是颠沛流离、贫困潦倒的童年生活。到客家山区后，还要不时面临被猛虎毒蛇侵袭、受当地人排挤的危机，生活的艰辛程度可想而知。后来外婆与外公一道在梅县辗转多处，终于在梅县扶大农场安顿下来，在此开荒垦殖、建屋立业。然而令人痛惜的是，外婆去世后不久，由老人家亲手建造起来、居住了 30 多年的"辉秦楼"便随之灰飞烟灭了，连同一起消失的，还有整个扶大农场，全都被夷为平地、化作一片废墟。

　　站在这片充满回忆的废墟堆上，我不禁感慨万千。说起来，个人对日本的最初印象，便是在这里形成的。记得读小学时，有一天，外婆家来亲戚了，隔壁的邻居也过来凑热闹。我惊奇地发现，农场的"圆姨婆"② 居然也能说一口流利的潮汕话，觉得十分不可思议。一问才知道，"圆姨婆"也是因为"走日本"才一路辗转到客家地区的。所不同的是，"圆姨婆"

①　客家话，因为日本入侵而逃走的意思。
②　姨婆，客家话，老年妇女的意思。

出生在富贵人家，她的父亲因为担心全家都被日军杀害而提前将她卖给了别人。

我想，"圆姨婆"一定很憎恨日本人吧？要不是日本鬼子，她本可以在富贵之家度过一个无忧无虑的童年。可是，"圆姨婆"对日本人的感情，却似乎显得有点复杂，一方面她的家庭悲剧无疑是日本军国主义一手造成的，另一方面她能够逃离日军的魔掌，也是因为遇到了几个有良心的"日本鬼子"。据"圆姨婆"说，她当年和买她的养父母以及几个难民一道徒步来到一个山村，途中不幸偶遇几个正在野炊的日本兵，就在所有人都以为生命就此终结的时候，这几个"日本鬼子"居然让他们走了，而且还把他们烹煮的味增汤分给这几个逃难的村民。

这个有良心的"日本鬼子"固然是极少数，但也绝非个例。事实上，贯穿抗日战争期间，还是有些日本兵弃暗投明的。犹记得初访日本时便在书店看到过有关小林宽澄①的书，后来再通过新闻媒体的报道，慢慢了解到战争的残酷性和历史的复杂性。

很多时候，我们总是想当然地以为历史是非黑即白的，但事实上，"日本鬼子"的内部世界同样复杂多样。作为中国人，国恨家仇自然不能忘却，但如果时至今日，对日认识仅仅停留在情绪层面的话，将永远无益于社会的发展进步。我们应当反思的是，侵略战争何以发动得起来？换位思考一下，当整个国家机器被一群疯狂的人操控的时候，当家庭被强权裹挟的时候，作为个人，是否有勇气、有能力像小林宽澄一样弃暗投明呢？

个人十分赞同用"以史为鉴，面向未来"的方法看待中日关系。我们既不能罔顾历史，也不可能永远活在过去。我们应该仇恨的，是那些发动侵略战争、在华犯下滔天罪行的狂人，而不是今天普通的日本民众；我们应该警惕的，是极权与军国主义思想，而非日本的衣食住行等日常文化。

---

① 小林宽澄（1919—2019），日本籍八路军。2015年9月，他荣获"中国人民抗日战争胜利70周年纪念章"，并受邀参加中国抗战胜利70周年阅兵式。

　　如果本书的出版能为促进中日交流作出一丝丝的贡献，对于笔者而言，就是莫大的欣慰了。当然，或许有人会说，客家是一个族群，日本是一个国家，从表面上看起来似乎没有什么可比性，但实际上还是有很多故事值得我们叙说的，这也是笔者撰写此书的初衷之一。

　　最后，诚挚感谢为本书出版作出辛勤奉献的诸位朋友。祝福，感恩。

111